RÉSONANCES

collection dirigée par Étienne CALAIS

Étude sur

Lamartine
Les Méditations poétiques

Robert Benet

Agrégé de Lettres modernes

Dans la même collection

ISBN 2-7298-0370-X

© Ellipses Édition Marketing S.A., 2000
   32, rue Bargue 75740 Paris cedex 15

L'ŒUVRE ET SES CONTEXTES

I.   AUX SOURCES DU ROMANTISME FRANÇAIS[1]

1.   Le romantisme allemand

Il est certes délicat de proposer une définition générale du romantisme, chaque courant romantique prenant des teintes différentes selon les préoccupations politiques, psychologiques et sociales du pays dans lequel elle prend racine. C'est tout au plus un **mouvement** de pensée.

C'est l'Allemagne qui inaugure en Europe le mouvement qui va « secouer » les littératures de tous les pays. Rien d'étonnant à cela : l'Allemagne, divisée en une poussière de petites souverainetés (quelque 360 !) n'existe pas alors en tant que nation. Le XVIIIᵉ siècle est, certes, pour elle, une époque de maturation intellectuelle, **mais sous influence française**, l'*Aufklärung*, qui essaie de promouvoir le règne de la raison contre les forces sensibles subjectives, n'étant que la traduction germanique de l'esprit des Lumières français.

Pour se libérer de la « colonisation intellectuelle » française, pour récupérer leurs racines en plongeant dans la période médiévale auréolée des prestiges de la chevalerie avec ses légendes, ses troubadours et, bientôt, la construction de vastes cathédrales gothiques, pour consacrer la promotion du pays en l'élevant à une culture enfin originale, pour retrouver enfin le contact avec les

---

1. *Précis de littérature de l'Union européenne*, collectif, Magnard, 1992.

espaces délaissés du Moi, en particulier avec la sensibilité, les romantiques allemands renouvellent les valeurs de référence et deviennent pour l'Europe un ferment. Mme de Staël remarque l'importance, pour l'Allemagne, de cette émulation en écrivant : « Les Allemands n'ont point une patrie politique ; mais ils se sont fait une patrie littéraire et philosophique, pour la gloire de laquelle ils sont remplis du plus noble enthousiasme[1] ».

Le mouvement est inauguré par le **Sturm und Drang (Tempête et Assaut)**, mouvement littéraire qui déchaîne ses fureurs entre 1770 et 1780 au moment où l'Allemagne bourgeoise savoure les délices de l'*Aufklärung* avec son petit bon sens « pépère ». C'est le fait de quelques écrivains exaltés qui traversent une crise de jeunesse, refusent désespérément de se plier aux urgences « oppressives » du temps, affirment leur individualisme contre l'ordre établi et conformiste, proclament la supériorité du sentiment sur l'intellect, et, guidés par l'admiration qu'ils portent à Shakespeare et à Rousseau, cherchent un refuge « ailleurs » , loin de l'humanité vulgaire… avant de s'assagir, pour la plupart, avec le temps, en devenant des personnages officiels. Ce sont ceux qu'on a appelés les **Maîtres de Weimar : Goethe** (1749-1832) qui s'immortalise dès 1774 avec son *Werther*, que Lamartine savourera ; **Schiller** (1759-1805), dominé par les idées rousseauistes, ennemi juré de la société et de la civilisation, dont l'idéalisme se manifeste dans une pièce de jeunesse, *Les Brigands* (1780) ; **Herder** (1744-1803) qui, par ses critiques, aura une influence considérable sur la littérature allemande avant de se faire connaître comme historien de la civilisation ; … et bien d'autres.

Cette première poussée du mouvement romantique allemand est nourrie de l'enthousiasme des philosophes et des poètes pour la Révolution française perçue comme une aventure romantique.

---

1. Mme de Staël, *De la littérature considérée dans ses rapports avec les institutions sociales,* 1800, 1re partie, chap. 17.

Lorsque l'impérialisme napoléonien submerge l'Europe, le mouvement se radicalise avec ce qu'on a appelé :

- **le groupe d'Iéna**, d'inspiration poético-religieuse, avec, entre autres, **les frères Schlegel**, créateurs de la revue littéraire *Athenäum* (1798-1800) et Novalis ;
- **le groupe d'Heidelberg** (Brentano, Arnim, Hoffmann, les frères Grimm,...) ;
- **le groupe berlinois** (Chamisso de Boncourt, La Motte Fouqué,...) ;
- **l'École souabe** (Uhland, Kerner, Hauff, Schwab,...) ;
- **quelques inclassables aux noms illustres :** Jean-Paul Richter, dit Jean-Paul en littérature, Hölderlin, Kleist,...

Un fait intéressant, c'est le débordement du mouvement allemand sur la politique en la personne de Louis II de Bavière, romantique couronné surnommé Hamlet-Roi (1845-1886), qui met en scène sa vie comme s'agissant d'un opéra, au milieu d'extravagances architecturales, de visées fantastiques et de fantasmes en tous genres.

L'idéologie du national-socialisme récupérera plus tard certains des thèmes vitalistes* proposés par les théoriciens du romantisme allemand pour en faire l'usage que l'on sait !

2. Genèse du romantisme français

Le romantisme français fait pâle figure face au romantisme allemand, en particulier parce qu'il n'est pas nourri par des philosophes romantiques de la profondeur d'un **Fichte** et d'un **Schelling** (disciples « indisciplinés » de **Kant**), d'un **Hegel**, d'un **Schopenhauer**, ou d'un **Kierkegaard**, dont le rôle en Europe fut majeur.

Kant (1724-1804) a exercé une influence considérable sur la pensée intellectuelle et religieuse du XIXe siècle. C'est lui qui établit la transition entre la philosophie empirique* d'un **Locke** (1632-

1704) et d'un **Hume** (1711-1776) et la philosophie **idéaliste** en élaborant un Je transcendantal, principe abstrait auteur de nos pensées. À partir de cette conception du sujet pensant, **Schelling** (1775-1864) organisera le Moi ontologique*, « la chose en soi » qui, loin de subir le monde, impose au monde sa loi, autrement dit a un droit d'initiative sur le monde. « Tout me ramène en moi-même », écrira Novalis[1]. On comprend l'incidence de cette nouvelle forme de pensée sur le romantisme : **à l'intelligibilité empirique, découlant de l'expérience, on substitue l'illumination des révélations, la descente en soi, souvent comme une descente aux enfers.**

a. Mme de Staël

C'est **Mme de Staël** (1766-1817), révoltée par la tyrannie impériale et contrainte par Bonaparte à l'exil (elle fera deux séjours en Allemagne en 1803 et 1806 et un en Italie de 1805 à 1806) qui, la première, va employer le mot de *romantique* dans le sens qu'il a gardé : « Le nom de "romantique" a été introduit nouvellement en Allemagne pour désigner la poésie dont les chants des troubadours ont été l'origine, celle qui est née de la chevalerie et du christianisme[2] ». Or, *De l'Allemagne*, dont les exemplaires furent saisis et détruits en France, date de 1810 pour n'être diffusé en France qu'en 1815 : c'est dire le décalage entre le romantisme français et le mouvement romantique allemand né, lui, dès 1770.

Pourquoi ce retard ? En raison d'un conservatisme entretenu de 1789 à 1815 dans le domaine de l'expression artistique et par la Révolution et par Napoléon. En effet, la Révolution a nourri des **idéologues** qui s'efforcent de garder intact dans l'espace culturel français l'esprit des Lumières contre ce qui leur apparaît être de l'obscurantisme* : on se conforme à la sacro-sainte raison, à un néoclassicisme de carton pâte (« Sur des pensers nouveaux, faisons

---

1. Novalis, *Disciples de Saïs*.
2. Mme de Staël, *De l'Allemagne*, IIe partie, livre XI.

des vers antiques », écrivait André Chénier), à une Antiquité rape-
tassée. Le lyrisme, préparé par les *Rêveries* de **Rousseau** (1781-
1788) et par le *Paul et Virginie* (1787) de **Bernardin de Saint-Pierre**
(Sainte-Beuve insistera sur la parenté de génie[1] existant entre
Lamartine et Bernardin), est suspect comme émanant d'un Moi qui
se préfère à l'État et à la cause publique.

Napoléon épouse la même haine de la liberté d'esprit, il met la
littérature sous haute surveillance pour réprimer tout anticonfor-
miste. Il est notable que les deux esprits les plus brillants de cette
période (qui a pu en compter d'autres sacrifiés aux guerres hégé-
moniques de l'Empereur), **Mme de Staël** et **Chateaubriand** (1768-
1848), soient tous les deux réfractaires à cet embrigadement des
esprits et fuient la France, la première sous l'effet d'un exil, le
second en donnant sa démission de ministre plénipotentiaire après
l'assassinat du duc d'Enghien (fils unique du prince de Condé,
enlevé par Bonaparte qui le soupçonnait, à tort semble-t-il, de
complot contre lui, et fusillé le 21 mars 1804 à Vincennes, à l'indi-
gnation de toute l'Europe) pour mieux organiser son opposition à
l'autocratie* qu'est devenu à ses yeux le régime napoléonien.

Pendant vingt-cinq ans la littérature se trouve ainsi figée en
France par un **nationalisme** réducteur.

Mme de Staël, brouillée avec le Premier consul, entreprend en
1803 un voyage en Allemagne. Déjà elle avait noué des relations
avec Goethe. Cette fois elle choisit « l'inventeur » du romantisme
allemand, **August Wilhelm Schlegel**, comme précepteur de ses
enfants.

Ainsi, *De l'Allemagne* est bien un **manifeste romantique** qui,
partant d'un aperçu sur la culture germanique alors peu connue en
Europe, propose une nouvelle conception de l'inspiration littéraire
en jouant sur l'étymologie, c'est-à-dire en renvoyant à la période
médiévale dite *romane* (dans l'acception la plus générale du terme),

---

1. Sainte-Beuve, *Œuvre, Portraits littéraires*, Pléiade, t. II, p. 118.

et aux **romances** d'antan. Stendhal parlera, lui, à l'italienne, de « romanticisme ».

Cet ouvrage répond à une attente : la génération de 1815 est meurtrie par un profond sentiment de malaise après les conquêtes meurtrières entreprises par Napoléon (conquêtes vues bientôt par la jeunesse en mal d'être comme une vaste et glorieuse épopée). En témoignera *La Confession d'un enfant du siècle* de Musset en 1835. L'ennui devient à la mode : « Un sentiment de malaise inexprimable commença à fermenter dans tous les jeunes cœurs. Condamnés au repos par les souverains du monde, livrés aux cuistres de toute espèce, à l'oisiveté et à l'ennui, les jeunes gens voyaient se retirer d'eux les vagues écumantes contre lesquelles ils avaient préparé leurs bras. Tous ces gladiateurs frottés d'huile se sentaient au fond de l'âme une misère insupportable[1] ». On ne peut trouver meilleur aperçu du mal de vivre qui sévit alors et qu'on appelle le « mal du siècle ».

b. Chateaubriand

Chateaubriand (1768-1848), hanté par l'idée de la mort, par l'infini des solitudes marines, par le vide de la vie à Combourg[2], donne, dans son intensité, un premier aperçu de ce mal : « Une langueur secrète s'emparait de mon corps. Ce dégoût de la vie que j'avais ressenti dès mon enfance revenait avec une force nouvelle. Bientôt mon cœur ne fournit plus d'aliments à ma pensée, et je ne m'apercevais de mon existence que par un profond sentiment d'ennui[3] ».

Or **René** présente aux jeunes gens hantés par leur vague des passions le reflet exact de leur âme et rencontre de ce fait chez eux

---

1. Cf. étude sur *La Confession d'un enfant du siècle* de Musset par Denis Pernot, Ellipses, « Résonances », 1997.
2. Combourg : le château de Combourg où Chateaubriand passa sa jeunesse est largement évoqué dans les *Mémoires d'Outre-Tombe*.
3. Chateaubriand, *René* (1802).

un écho considérable. À un autre point de vue, **Le Génie du christianisme** (1802) survient au moment où, suite au Concordat, l'on rouvre les églises, où l'on renoue avec ses racines chrétiennes et avec le « gothique ». Une source nouvelle de poésie surgit avec la Bible, sa profusion d'images et de paraboles, sa symbolique : on a soif de mystère, de mysticisme*, de sacré. Écoutons Théophile Gautier : « Chateaubriand peut être considéré comme l'aïeul ou, si vous l'aimez mieux, comme le sachem du romantisme en France. Dans **Le Génie du christianisme**, il restaura la cathédrale gothique ; dans **Les Natchez**, il rouvrit la grande nature fermée ; dans **René**, il inventa la mélancolie et la passion moderne[1]… »

Mme de Staël, Chateaubriand bouleversent les cœurs en renouvelant les pensées et le langage. Une vraie commotion ! C'en est fait du style sec, direct, « efficace » (du style dit « attique ») des Montesquieu et Voltaire.

Pourtant cette effervescence qui se prépare est prisonnière en France d'une tradition « classique ». Les romantiques français renient leurs maîtres tout en restant esclaves de la formation rhétorique que ceux-ci leur ont inculquée. Ce sera flagrant avec Lamartine, avec Musset, avec Vigny, et même souvent avec Hugo, malgré son souffle épique, la force de ses images et son désir de briser « ce grand niais d'alexandrin ». George R. Havens écrit : « L'ordre classique et la logique persistent dans le romantisme français. Le sens de la composition et de la forme bien balancées demeure toujours puissant. À cet égard, il y a moins de mystérieuse subtilité, moins de caprice fantasque dans le style et la structure littéraires, dans le mouvement français qu'en Angleterre ou en Allemagne[2] ».

Si un homme nouveau naît, c'est avec un langage qui, tout soumis à la rhétorique qu'il soit, n'a plus peur des excès de pensées

---

1. Théophile Gautier, *Histoire du romantisme*, I.
2. George R. Havens, *Romanticisme in France*, P.M.L.A., 1940.

et de sentiments, des initiatives d'une imagination qui se libère, des frénésies d'un Moi débordant de sève avec ses passions, sa mélancolie, ses larmes, ses appels de sens. Enfin du lyrisme, mais de bon aloi ! Enfin une musique du verbe révélatrice d'une autre dimension de vie ! Enfin l'expression d'une inquiétude fébrile ! On est loin du jardin un peu étriqué que Voltaire nous demandait de faire fructifier sans nous poser de questions (cf. *Candide,* chap. 30). N'est-ce pas l'inquiétude métaphysique qui fait la grandeur de l'homme ? C'est la question que nous pose implicitement le romantisme.

Mais il faudra attendre la *Préface de Cromwell* en 1827 et la bataille d'*Hernani* en 1830 pour que le romantisme français, triomphant des résistances, s'assure une solide assise.

C'est au sein de cette mutation des esprits que s'inscrit **Lamartine.**

II. LES SOURCES BIOGRAPHIQUES DE L'ÉCRIVAIN ET DE L'HOMME PUBLIC : ALPHONSE DE LAMARTINE (1790-1869)

1. Ses origines

Les origines de Lamartine sont en fait roturières si l'on se réfère à l'un de ses lointains ancêtres, Benoît Alamartine, qui, en 1550, est **cordonnier** à Cluny.

C'est en 1651 que le petit-fils de ce Benoît, Estienne, achète une charge de secrétaire du roi, ce qui lui assure, ainsi qu'à sa descendance, un titre de noblesse. Il s'agit de **noblesse de robe.** Le fils cadet d'Étienne, Jean-Baptiste, est le premier à se faire appeler **de Lamartine.** Il a reçu en dot de sa femme le domaine de Monceau. C'est lui qui fait construire une maison à Milly en 1705.

Le grand-père du poète, Louis-François, né en 1711, sert dans l'armée royale : la noblesse d'épée se substitue par là pour la famille à la noblesse de robe. En outre un riche mariage lui apporte d'immenses domaines dans le Jura, dont celui de Pratz. Il embellit Monceau qu'il dote d'une bibliothèque et achète le château de Monculot à Urcy. La fortune de la famille se trouve ainsi solidement consolidée. Il a trois fils : l'aîné, « l'oncle terrible », restera célibataire ; le cadet entre dans les ordres ; le plus jeune, Pierre, chevalier de Pratz, sera le père du poète et de six filles après avoir épousé Melle Alix des Roys.

2.   1790-1803. L'enfance d'Alphonse-Marie-Louis de Lamartine

Alphonse naît donc à Mâcon le 21 octobre 1790 dans une famille qui a peu de fortune, sinon l'usufruit de la maison de Milly. Les orages de la Révolution menacent la famille. Pierre se rend à Paris défendre le roi. Il est blessé aux Tuileries en 1792 et doit fuir. Arrêté en 1793-1794, ses biens sont placés sous séquestre. Ils lui seront restitués après la période révolutionnaire. Pour n'avoir pas trop souffert de la révolution, Lamartine restera modéré dans son appréciation de la Terreur, contrairement à Chateaubriand.

La famille, nombreuse, s'installe à Milly et vit dans l'inconfort d'une existence morose. La vie est patriarcale et simple. On est farouchement anti-révolutionnaire puis anti-bonapartiste. On est légitimiste[1].

Alphonse est profondément marqué par la tendresse et la piété de sa mère et par l'éducation religieuse développée qu'elle lui donne. C'est à cette époque qu'il reçoit les leçons de l'abbé Dumont qui inspirera son *Jocelyn*. Fénelon, Racine, la Bible sont ses lectures, à quoi le père ajoute les tragédies de... Voltaire.

En fait, le père, accaparé par la gestion de son domaine et par la chasse, néglige ses enfants et les laisse entre les mains de sa pieuse

---

1. Légitimiste : partisan de la branche aînée des Bourbons.

épouse pour qui le cœur a plus d'importance que la raison, la géné-
rosité plus que la volonté. Alphonse ne sortira pas aguerri de cette
éducation et ce n'est pas l'autoritarisme de « l'oncle terrible »,
intervenant souvent dans l'éducation de son neveu, qui sera d'une
bonne influence. En 1802, Alphonse, saisi d'indépendance, fait une
fugue.

3. 1803-1808. Au Collège de Belley

Ce sont cinq années où Lamartine fait ses humanités[1] et où il
acquiert un solide fond culturel classique à base d'antiquité grecque
et latine. Le Collège est tenu par les Pères de la Foi (anciennement
les Jésuites). Lamartine obtient de bons résultats en latin (il goûte
Virgile, Horace, Ovide) ; il est moins brillant en grec. Deux maîtres
auront sur lui et sur sa sensibilité religieuse une influence profonde :
le Père Béquet, admirateur de Chateaubriand, qui lui fera lire *Le
Génie du christianisme* et l'ouvrira ainsi à une œuvre qu'il dévorera
par la suite ; le Père Wrindts, philosophe spiritualiste et adversaire
de Rousseau.

À Belley, Lamartine compose ses premiers vers : *Le Rossignol*,
Cantique sur le Torrent de Tuisy, mais surtout il se fait trois excel-
lents et influents amis : Prosper de Bienassis, Louis de Vignet et
enfin Aymon de Virieu dont les relations mondaines lui seront
précieuses et avec qui il entretiendra une correspondance suivie où
il lui fera part de ses ambitions et de ses détresses.

Sa sensualité s'éveille précocement : une servante du Collège
aura de lui un enfant sur lequel il saura néanmoins veiller.

---

1. Humanités : étude de la langue et de la littérature grecques et latines.

4. 1808-1811. En Bourgogne

En fait, le caractère, la volonté, l'énergie du jeune homme ne sont pas bien solides. Il écrit en 1808 à son ami Virieu : « Je ne sentais plus la terre... je m'abîmais en Dieu », c'est dire la crise mystique* qui s'est emparée de son esprit, un esprit qui a besoin d'un moteur sentimental pour se retrouver.

Il cherche à se placer dans le monde. Or, que faire quand on est un jeune noble promis à la diplomatie ou à la haute administration mais qu'on ne veut pas servir le tyran, « l'usurpateur» ? Le voici donc réduit à l'oisiveté, livré à lui-même, à des lectures sauvages, aux rêves, à l'ennui, aux « vagues des passions ». Son tempérament, à ce régime, ne s'affermit pas. Il est nerveux, irritable ; des tensions l'opposent à son père, à son oncle, à sa mère dont le *Journal* reflète l'inquiétude. La vocation poétique d'Alphonse se précise, Mme de Lamartine s'en alarme, l'associant à son frère Lyon des Roys, qui n'ayant pas réussi dans les Lettres, s'était suicidé. Lors d'un séjour chez Bienassis, il découvre les textes philosophiques du XVIIIe siècle. Rousseau agit sur lui comme un philtre révélateur. Il pratique depuis longtemps les lyriques épicuriens du XVIIIe siècle, comme en témoignera sa vingt-neuvième *Méditation* : « Hymne au soleil ». Il lit la Bible, Dante, Pétrarque, Le Tasse, Alfieri[1], Mme de Staël, les romanciers anglais, les poètes anglais : Milton, Pope, Young et le fameux Ossian[2], supercherie de Macpherson. Le *Werther* de Goethe l'enchante.

---

1. Écrivains italiens qui connurent un éclatant renouveau à la période romantique : Dante (1265-1321), connu pour *La Divine Comédie* (écrit entre 1306 et 1321), Pétrarque (1304-1374), célèbre pour son *Canzionere* dédié à Laure de Noves, Le Tasse (1544-1595), dont *La Jérusalem délivrée* (1575) connut un succès considérable, Alfieri (1749-1803), auteur de tragédies et de poésies.
2. Il s'agit là de quatre écrivains anglais : Milton (1608-1674), dont le chef-d'œuvre est le poème biblique *Le Paradis perdu* (1667), Pope (1688-1744), poète et essayiste qui traduisit en vers *L'Iliade*, Young (1683-1765), dont les poèmes *Les Nuits* sont à la source de la mélancolie religieuse, Ossian, barde inventé de toutes pièces par

Ainsi Lamartine a-t-il beaucoup lu, aussi bien ce qui se rattache à la vie intellectuelle du passé qu'à celle du présent : son inspiration en témoigne. De lui, Guillemin écrit qu'il est « un poète du XVIIIᵉ, qui aurait du génie ». Ce faisant, de fréquents séjours à Lyon lui ouvrent une vie mondaine quelque peu dissipée. Il s'endette. Il s'ennuie. Il tombe malade. En 1810, il est déjà l'auteur d'élégies* : il sera élu à l'académie de Mâcon. Il connaît des amourettes et songe à se marier avec la fille d'un juge de paix, Marie-Henriette Pommier. Pour éviter ce mariage, vu comme une mésalliance, on l'envoie en Italie.

5.   1811-1816. Une vie écartelée

1811-1812. Il découvre avec émerveillement les splendeurs de l'Italie dont les échos ne s'éteindront jamais dans son imagination de poète. Il admire Rome et les lumières de Campanie. Il lit et commente Platon. Il se sensibilise à une certaine poésie élégiaque* latine. Tout un espace géographique et artistique qui imprègne son espace intérieur. À Naples, il s'éprend d'Antonia Iacomino qui deviendra l'héroïne de *Graziella* et dont la figure ressurgira derrière le mythe d'Elvire.

1812-1813. Élu maire de Milly, des désirs de gloire le poussent à mettre en chantier deux tragédies : *Saül* et *Médée*. D'une liaison avec Nina de Pierreclau lui naît un fils, Léon.

1814. C'est le retour du roi. Grâce à son père, il obtient d'être incorporé comme Garde du Corps dans la Compagnie de Noailles à Beauvais.

1815. Les Cent-Jours. Lamartine accompagne Louis XVIII jusqu'à Béthune. Il passe en Suisse par la Franche-Comté et séjourne près du lac Léman. Il a une idylle avec la batelière Geneviève Favre, ce

l'écrivain Macpherson (1736-1796) qui composa sous cette identité d'emprunt des poèmes qui connurent un succès extraordinaire.

qui étoffera le mythe de Graziella. Après la chute de Napoléon, il démissionne de l'armée. Il songe à publier quatre carnets d'élégies*. Ce recueil ne verra pas le jour, mais on en trouve des vestiges dans les *Méditations* : dans « À Elvire », « Le Golfe de Baya », « Le Temple », « Hymne au Soleil ».

On pense que le lien qui unit ces poèmes à leurs inspiratrices est très lâche et que les sentiments évoqués ne sont que des masques littéraires. Le désir de se mesurer à des thèmes poétiques connus serait, à cette époque, le prétexte essentiel à son inspiration. Lamartine a en fait une âme de libertin blasé.

Le caractère de Lamartine en 1816 n'est pas encore trempé. Deux crises, l'une sentimentale, l'autre intellectuelle vont lui permettre d'atteindre la maturité.

6. 5 septembre 1816-25 décembre 1817. Crise sentimentale : un adultère de ville d'eau

Julie Bouchaud des Hérettes, épouse du physicien Charles (de trente-huit ans son aîné !), tient à Paris un Salon très officiel. Créole par sa mère, elle est volage bien que malade. De formation voltairienne, elle a de grands amis philosophes. Son activité est frénétique, traversée de crises de mélancolie. Son influence est grande sur les jeunes gens. En 1816, on lui ordonne un séjour à Aix-les-Bains où elle arrive le 18 septembre. Lamartine arrive le 5 octobre pour soigner son foie. **Le 10 octobre se produit l'épisode du Lac**, au cours duquel Lamartine aurait sauvé Mme Charles. Une flambée sensuelle embrase le couple : on joue à être Mme de Warrens et Rousseau. Cette aventure passionnée sera romancée dans *Raphaël.*

De janvier à mai 1817, Lamartine rend des visites quotidiennes à Mme Charles à Paris, mais sa passion s'affaiblit, se lasse. Julie se plaint de l'indifférence de son amant. « Que l'illusion cesse et que quelqu'un déchire le voile, que restera-t-il ? », lui écrit-elle. Épuisée par la maladie, elle ne peut se rendre en août-septembre à Aix-les-

Bains où Lamartine se retrouve seul, hanté par l'idée de la mort. **De cette époque date, pour partie, le plus célèbre poème des** *Méditations,* **« Le Lac »** (on pense que le poème a été remanié, complété après la mort de Mme Charles). Julie meurt le 18 décembre. La nouvelle parvient à Lamartine le jour de Noël 1817 par une lettre : « ... elle s'est éteinte en pardonnant et en demandant pardon... » Le coup est terrible pour le poète (« Les grandes douleurs sont muettes, a-t-on dit. Cela est vrai. Je l'éprouvai après la première grande douleur de ma vie. Pendant six ou huit mois, je me renfermai comme dans un linceul avec l'image de ce que j'avais aimé et perdu », écrit-il dans ses *Commentaires* à propos du poème « Souvenir »). Son ami Virieu lui rapporte les lettres qu'il lui avait écrites ainsi que son crucifix. Lamartine ne trouve qu'un recours à sa douleur, se jeter éperdument dans le travail.

7. 1818-1820. La crise intellectuelle

Cette période donne l'impression d'une vie très agitée. Lamartine est plus que jamais travaillé par la crise religieuse qui le tenaille depuis longtemps et que la mort de Julie fait éclater. Il s'interroge : lui-même, à ses derniers instants, pourra-t-il être consolé par la foi comme l'a été Julie ? Dans le poème « L'Immortalité », il espère une fusion des âmes *post mortem.* « Mes espérances dans un avenir inconnu, mais meilleur, sont une conviction pour moi », écrit-il le 8 novembre 1817 à Mlle de Canonge. Est-il croyant par l'esprit ? Par le cœur ?

En fait il est porté à se révolter contre la condition de l'homme. Il lit Byron, écrit des poèmes qui sont des blasphèmes*. *Les* *Méditations,* **publiées anonymement le 11 mars 1820, se font l'écho des intermittences religieuses du poète, de ses oscillations entre le doute et le désir de croire. Elles mettent en place un drame personnel moral beaucoup plus que le drame sentimental de l'amour brisé.**

Lamartine travaille donc d'une façon intense, furieuse. Sa tragédie lyrique sacrée *Saül* est reprise et achevée en avril 1818. Il y met en scène les deux personnages qui se combattent en lui, Saül et David, le révolté et le résigné. Lamartine est, en fait, un solide bourguignon au tempérament sentimental bien organisé en dépit de certaines faiblesses de santé dont il a sans doute exagéré les effets. Six mois après la mort « d'Elvire », il a plusieurs projets de mariage. Il médite d'aller à Naples, puis en Grèce, puis à Jérusalem. Il a une liaison avec Léna de Larche en même temps qu'il fréquente à La Roche-Guyon la société du duc de Rohan qui, décidé à entrer dans les ordres après la mort de sa femme brûlée vive au cours d'un bal, aura quelque temps une influence religieuse sur lui. Le poème « La Semaine Sainte » lui est dédié.

Les *Méditations* ont un succès considérable.

Il épouse Miss Birch, une Anglaise, sous le double rite, catholique et protestant. Il a été nommé quelques mois plus tôt secrétaire d'ambassade à Naples.

8.   1821-1829. Bonheurs et traverses

1821. Il demande un congé, quitte Naples. Un fils lui naît, Alphonse, qui mourra un an plus tard.

1822. Naissance d'une fille, Julia. 9e édition des *Méditations.*

1823. Il s'installe au château de Saint-Point. Il fait paraître *La Mort de Socrate* puis les *Nouvelles Méditations poétiques.*

1824. Échec du poète à l'Académie française.

1825. Il fait paraître, à l'imitation de Byron, le *Dernier Chant du Pèlerinage d'Harold* et publie, à l'occasion de l'intronisation de Charles X, *Le Chant du Sacre ou la Veillée des Armes*. Il est nommé secrétaire de légation à Florence où il se rend.

1826-1828. Il compose en Italie des *Psaumes* qui deviendront les *Harmonies.*

1829. Il rencontre à Paris Chateaubriand, Victor Hugo, Sainte-Beuve. Il est élu à l'Académie, mais il a la douleur de perdre tragiquement sa mère.

1830-1831. Il publie les *Harmonies poétiques et religieuses*. À la suite de la révolution de Juillet, il donne sa démission de diplomate pour se lancer dans la politique active. C'est alors qu'il publie son ode *Contre la peine de mort*. Il écrira divers opuscules à caractère politique après avoir essuyé un triple échec aux élections législatives.

1832-1833. Attiré par l'Orient, il s'embarque avec sa famille pour la Grèce, Jérusalem, Damas, Constantinople, mais sa fille meurt au cours du voyage. Elle a dix ans. C'est un coup terrible qui anéantit en lui toute foi religieuse. À son retour, il est élu député de Bergues dans le Nord.

9.   1833-1851. La gloire politique

De même qu'il n'avait pas voulu s'inféoder aux coteries littéraires, de même il se tiendra éloigné des partis politiques. Il se sentait seulement attiré vers les **doctrines démocratiques**. En effet, après avoir été dévoué à Charles X qui lui était apparu comme un agent de la liberté, il a désormais foi dans les progrès humains, rêvant d'une société fondée sur la liberté, d'où seraient bannies la peine de mort et la guerre et sur laquelle rayonnerait la fraternité.

1834. Il est élu au conseil général de Saône-et-Loire.

1835. Il fait paraître ses *Souvenirs, Impressions, Pensées et Paysages pendant un Voyage en Orient*.

1836. Parution de *Jocelyn*, mis à l'Index par Rome en même temps que son *Voyage en Orient*.

1837-1839. Il publie *La Chute d'un Ange*, puis les *Recueillements poétiques*, son dernier volume de vers. **Il s'impose de plus en plus comme orateur brillant**. Il est élu député de Mâcon.

1840. Il prononce son *Discours sur le retour des cendres de l'Empereur.* Son père meurt.

1841-1843. Il intervient souvent à la Chambre. En 1843, il prononce un discours où il manifeste son complet désaccord avec la politique de Louis-Philippe.

1844-1847. Il entreprend un voyage en Italie avec sa famille et se met à écrire *Graziella.* Il publie l'*Histoire des Girondins* en huit volumes, ouvrage en faveur de la République et des idées de la Révolution, qui connaît un succès considérable.

1848. La Révolution chasse Louis-Philippe. Lamartine, chef du Gouvernement Provisoire, proclame la République à l'Hôtel-de-Ville de Paris. Il devient ministre des Affaires Étrangères et est élu député par dix départements avec 1 600 000 suffrages, mais les difficultés économiques et sociales rencontrées obligent son équipe à abdiquer ses pouvoirs entre les mains du général Cavaignac. Candidat à la présidence de la République, il échoue lamentablement avec 17 910 voix obtenues dans le pays tout entier.

1849-1851. Les *Confidences* et *Graziella* paraissent en feuilleton. Il publie *Raphaël.* Il est battu aux législatives de mai 1849 à Mâcon mais est élu dans le Loiret en juillet de la même année. Cette même année 1849 paraît son *Histoire de la Révolution de 1848.* En 1850, son drame, *Toussaint Louverture* est joué au Théâtre de la Porte Saint-Martin. Puis paraissent *Geneviève* et l'*Histoire d'une Servante.* En 1851, c'est successivement les *Nouvelles Confidences, Le Tailleur de pierres de Saint-Point,* le *Nouveau Voyage en Orient* et le premier volume de l'*Histoire de la Restauration.* La prise de pouvoir par le Prince-Président Bonaparte, devenu Napoléon III, met fin à sa carrière politique.

10. 1852-1869. Une triste fin de vie

Lamartine, très, trop généreux, va devoir lutter contre de graves problèmes financiers. Il est accablé de dettes, médiocre exploitant vinicole et doit s'adonner à un travail littéraire acharné pour tenter de survivre. De 1852 à 1855, il publiera une *Histoire de l'Humanité par les Grands Hommes,* une *Histoire des Constituants,* une *Histoire de la Turquie,* une *Histoire de la Russie* et une *Vie des Grands Hommes.*

En 1856, il compose *La Vigne et la Maison* et commence à publier son *Cours familier de Littérature.*

En 1860, il est obligé de vendre Milly.

De 1860 à 1863, il édite ses *Œuvres complètes.*

1863, mort de Mme de Lamartine. Lamartine reste seul avec sa nièce, Valentine de Cessiat. Il compose un roman, *Fior d'Aliza* d'où sera tiré un drame lyrique en 1866.

1867, une pension viagère lui est accordé par le Corps Législatif, le poète en est humilié.

1869, Lamartine meurt à Paris. Il sera inhumé à Saint-Point.

III. CONTEXTE HISTORIQUE : LA QUÊTE DU SENS

1. Climat politique et religieux dans lequel baignent les *Méditations*

Aux alentours de 1820, les champions du romantisme se recrutent parmi les partisans du culte et de l'autel fraîchement restaurés. Louis XVIII est désormais sur le trône. Alors que la Révolution et Napoléon ont servi indirectement la cause de l'unité et allemande et italienne, unité réalisée cinquante ans plus tard, la réconciliation du romantisme français avec sa proche Histoire se fera attendre : rien n'estompe encore les atrocités de la Terreur ou celles des guerres napoléoniennes. Le règne constitutionnel de Louis XVIII, que l'on espérait libéral, perd vite de son apparence bon enfant sous la pression des Ultras. Ce ne sera que graduellement que, face à l'ennui qu'engendre la grisaille quotidienne, l'aventure napoléonienne se muera en épopée dans l'imaginaire populaire. De même, c'est la Révolution de 1830, une révolution « propre », efficace, sans effusion de sang, qui réhabilitera la Révolution de 1789 en la transformant en mythe de la liberté. Pensons à ce propos aux travaux historiographiques de Lamartine : l'*Histoire de Girondins* de 1847.

Le premier romantisme est donc anti-révolutionnaire et monarchique (cf., classé dans les premières *Méditations,* « L'Ode sur la naissance du Duc de Bordeaux »).

Or, au point de vue formel, les premiers de nos romantiques sont assujettis à la forme classique, à ses recettes, à son dogmatisme : « Le philosophisme du siècle des Lumières avait intégré la poétique classique dans une notion de la vie civilisée, tenue pour indépendante, au moins dans son principe, d'un quelconque état particulier de nos institutions ; la source du classicisme, dans cette tradition de pensée, n'était pas la monarchie, mais la civilisation ; ce qui importait avant tout, c'était, dans le classicisme, la forme universelle de la littérature[1]... », écrit Paul Bénichou. Au point de vue religieux, l'Église catholique s'élève contre l'esprit protestant mis en place dès longtemps — dès la Renaissance — et repris par le mouvement révolutionnaire : le protestantisme pose le principe de la libre interprétation de l'Écriture qu'il substitue au dogme de l'autorité de l'Église. Or, n'entendre ne relever que de soi-même est coupable parce que l'individualisme est coupable. La crise moderniste, qui se déclarera au sein de l'Église, se dessine déjà sous l'influence de la philosophie kantienne et de son subjectivisme transcendantal. Pour **Kant** (connu de Mme de Staël), la loi morale est un « fait de la raison », qui porte en lui-même sa justification, sans aucun besoin d'une métaphysique préalable. Il y aurait donc une morale qui se tiendrait par elle-même, sans référence à quelque métaphysique que ce soit ou au religieux. Jules Ferry s'emparera de ce type de

---

1. Paul Bénichou, *Le Sacre de l'écrivain, 1750-1830,* Corti, 1968, p. 308.

morale pour en proposer l'enseignement dans son école publique laïque.

Il convient ici d'évoquer un homme qui va avoir une grande influence sur Lamartine et sur les *Méditations* : **Lamennais** (1782-1854).

Au début du siècle, en effet, Joseph de Maistre, le vicomte de Bonald et le « premier » Lamennais (car Lamennais évoluera considérablement dans le sens d'une religion ouverte et sociale : en 1830, il créera *L'Avenir* dans lequel il inscrira au premier rang des libertés, **la liberté de conscience ou de religion**, ce qui lui vaudra en 1832 une riposte indignée du pape Grégoire XVI) font entendre la voix de la Tradition contre le rationalisme du XVIIIe siècle. Ils pensent qu'après le choc que fut la Révolution française, la France a besoin **d'une restauration politique et religieuse.**

Nous nous arrêterons un instant d'abord sur le nom du vicomte de Bonald (1754-1840) à qui Lamartine dédie sa vingt-deuxième *Méditation,* « Le Génie ». D'origine cévenole, c'était un homme au caractère intransigeant. Mousquetaire de Louis XVI, il avait émigré durant la période révolutionnaire. À la Restauration, il fit figure de philosophe de la royauté. Ultraroyaliste, il était partisan d'un christianisme pur et dur, sans concession. Il fallait balayer tout ce qu'avait apporté la Révolution et rétablir la monarchie de droit divin. Il fréquentait le salon de Mme Charles qu'il cherchait à ramener à la religion. C'est Julie Charles qui demanda à Lamartine d'écrire un poème en l'honneur de cet homme qu'elle admirait et à qui elle l'avait présenté.

Beaucoup plus important dans la vie de Lamartine le nom de l'abbé de **Lamennais** et de son ouvrage l'***Essai sur l'indifférence en matière de religion*** (1817-1823). Il semble que ce soit Mme de Montcalm qui, en mars 1818, ait signalé la première cet ouvrage à Lamartine. Cette lecture enthousiasma le poète qui écrivit le 8 août à son ami Virieu : « Tous les livres m'ennuient ou m'exaspèrent, je dis les livres du jour. Cependant félicite-moi, je suis enfin tombé sur un bon, même sur un beau, même sur un sublime. Cela s'appelle ***Essai sur l'Indifférence en matière de religion***. Cela est fait, dit-on, par un très jeune abbé. C'est magnifique... » En effet, la foi de Lamartine, longtemps oscillante, avait été fortement entamée par la mort d'Elvire (les *Méditations* en donnent un aperçu). Or Lamennais s'efforçait de mettre à mal la raison de l'homme pour tenter de la soumettre à une raison plus haute, une « raison générale et supérieure qui se joue des raisons individuelles », une raison purgée de l'usage des passions aveuglantes et dévastatrices, une raison qui pût reconnaître l'existence de Dieu. « Tout passe et ne laisse après soi que le dégoût, le regret et cet inexorable ennui qui fait le fond de la vie humaine... »

Aux yeux de Lamennais, Dieu a refusé à l'homme une part de la connaissance, l'obligeant ainsi à obéir. Il y a une logique divine qui invite à la résignation car se soumettre au Créateur est gage de paix intérieure : « S'abandonner à la Providence, telle est la véritable force du chrétien ». La vingt et unième *Méditation,* « La Foi », montre que la raison individuelle ne conduit qu'à des doctrines philosophiques vaines qui brisent toutes les espérances. « Notre esprit abandonné à lui-même se fatigue, s'éblouit, se perd dans ses propres pensées ». Seule la foi vivante assure le salut intérieur de l'homme.

On reconnaîtra sans peine, dans la pensée de Lamennais, l'influence et de Pascal et de Bossuet.

2.   Qu'entendre par « Méditations » dans ce contexte ?

En 1818, Lamartine, éprouvé par le refus que lui oppose Talma de faire jouer sa tragédie *Saül* au Théâtre-Français, songe à faire paraître un certain nombre de ses poèmes sous le titre de *Méditations*. Ce recueil lyrique naît donc d'une **déception** chez un écrivain qui espérait s'imposer dans le genre épique et dramatique.

Pourquoi ce titre ? On pense aux *Méditations sur l'Évangile* de Bossuet, aux *Méditations* de Descartes ou à celles de Malebranche. Il semble que le mot, depuis le début du siècle, tende à se vulgariser. Il y a de nombreux ouvrages anglais intitulés « *Meditations and Contemplations* ». En 1770, Letourneur a traduit les *Méditations* de Harvey. Lamartine aurait hésité entre le mot « Méditations » et le mot « Contemplations »… laissant (involontairement) à Hugo le second de ces termes.

En fait, **l'enjeu est philosophique en même temps que poétique.** Il y a du « discours » dans nombre de poèmes de Lamartine, avec, toujours, selon des factures un peu disparates, le désir d'aller au-delà du réel, le désir d'un arrachement, d'un bond vers l'idéal. Une atmosphère religieuse à travers des révoltes, des questionnements, des soumissions, des « contemplations ». La préface à la première édition de l'ouvrage nous éclaire : « Le nom de Méditations qu'il a donné à ces différents morceaux en indique parfaitement la nature et le caractère, ce sont en effet les épanchements tendres et mélancoliques des sentiments et des pensées d'une âme qui s'abandonne à ses vagues aspirations. Quelques-unes s'élèvent à des sujets d'une grande hauteur ; d'autres ne sont, pour ainsi dire, que des soupirs de l'âme ».

C'est la poésie de la lutte avec soi-même, avec sa propre vie intérieure, avec ses difficultés sentimentales, morales, religieuses. C'est la poésie qui affronte la mort, l'abandon, la quête du bonheur. La quête du sens. On conçoit que Lamartine, qui cherchait désespérément des raisons d'espérer, ait trouvé à cette époque de sa vie, dans le contexte politique et surtout religieux qui se dessinait, des raisons de mettre ses doutes et ses interrogations à l'épreuve dans une tentative d'évasion spirituelle. En somme, l'odyssée d'une âme.

Ainsi aurons-nous une poésie du Moi, une poésie engageant celui qui en sera le sujet.

L'ŒUVRE EN EXAMEN

I.   GENÈSE DES PREMIÈRES *MÉDITATIONS*

Du vivant de l'auteur, il y eut douze éditions des *Méditations poétiques* !

1.   Essai de chronologie d'écriture

• De **1814** dateraient les deux poèmes les plus anciens « À Elvire » et « Le Golfe de Bahia ». À cette époque, l'image de « Graziella », rencontrée à Naples en 1812, n'a pas pris une forme très précise dans l'imaginaire du poète qui ignore sa mort. Lamartine, lecteur de *René,* entretient une mélancolie littéraire qui, chez l'épicurien païen qu'il est à l'époque, est sans doute plus une posture que l'expression d'un sentiment personnel et sincère. C'est l'idylle avec Mme Charles en 1816 qui transmuera le poème « À Elvire » (ajouté à la neuvième édition) en un poème d'amour idéalisé.

• De **1815**, date la pièce de circonstance « Adieu », épître en vers octosyllabes à la manière de Parny. Exilé en Suisse durant les Cent-Jours, Lamartine revient en France et reçoit une invitation de son ami Louis de Vignet à séjourner à Bissy, non loin de Chambéry. Ce poème est de remerciement adressé à la famille de Vignet.

• De **1816** date « Invocation », Julie et le poète sont en compagnie de Vignet à Aix-les-Bains. La femme devient « Ange ». La première des *Harmonies poétiques* portera le même titre.

• De la fin de **1816** ou de l'été **1817** date « Le Temple » (ainsi est désignée l'église de campagne dans la langue néoclassique). Lamartine cherche à s'unir par la pensée à Elvire dont il est séparé. Poème religieux où le poète aspire à un amour idéalisé, chaste et pur dans une harmonie mélancolique. Il n'est pas exclu qu'en écrivant ce poème, Lamartine ait pensé à Graziella en même temps qu'à Julie Charles.

• De **1817** datent plusieurs poèmes :

– « La Gloire », à la mémoire du poète portugais Francisco-Manoel do Nascimento qui, menacé par l'Inquisition pour hérésie*, vint se réfugier en France en 1778 pour y mourir en 1819. Cette ode, très classique dans sa forme, démontre que gloire et bonheur sont incompatibles.

– « Hymne au Soleil » doit beaucoup par son thème aux Lyriques du XVIIIe siècle. À laquelle des « Elvire » ce poème renvoie-t-il ? À Julie Charles ? Lanson y voit la trace d'une amourette antérieure. En réalité, c'est la nature qui, ici, est porteuse de l'élan du poète beaucoup plus que la femme.

– « Le Lac », l'écriture réagissant à l'adversité, à la menace de l'évanouissement temporel. Poème d'où l'influence pétrarquiste et ossianique n'est pas absente, mais admirable par sa puissance de suggestion.

– « Le Génie », « L'Ode aux Français » : deux poèmes qui témoignent des sentiments royalistes du poète, sentiments de jeunesse où il se montre hostile aux libéraux et favorable aux ultras. « Le Génie », dédié à M. de Bonald, fut intégré à la deuxième édition et « L'Ode aux Français » à la neuvième des *Méditations*.

– « L'Immortalité », élégie* d'espoir, de confiance en l'éternité, affirmation d'une autre vie au moment où Julie est mourante. L'influence grandissante de Lamennais sur Lamartine se fait sentir dans ce poème mi-philosophique, mi-lyrique.

La mort de Julie Charles, fin 1817, marque un tournant dans son inspiration. Le souvenir est désormais traversé chez lui d'une grave crise morale et religieuse. Lamartine écrit dans ces conditions des dissertations philosophiques qu'il appelle « Méditations ».

- De **1818** datent :
- « L'Ode au malheur » qui prendra le titre de « Désespoir » : Lamartine est tenté par la révolte : « … J'ai fait "l'Ode au malheur", mais c'est un blasphème », écrit-il. C'est vraiment l'invective du désespoir.
- « La Foi », ce poème cherche à atténuer l'effet du précédent. Lamartine, écartelé en fait entre le Dieu des philosophes et le Dieu d'Amour de son enfance, veut faire croire à son public à un accident de dépression momentanée. Ce poème exalte la foi qui permet d'accepter la vie. « Heureux l'homme qui croit », écrit-il à Virieu le 11 août 1818. L'influence de Lamennais, pour qui la foi apportait force et paix, est ici patente.
- « L'Isolement » fut écrit en août 1818 sous le titre de « Stances ». Le poème sera publié en 1819 et prendra la tête du recueil. Un moment accablé, le poète pérennise son abattement pour édifier son propre mythe de poète indifférent à la vie, de poète de la renonciation. L'influence de Chateaubriand est là manifeste.
- Les « Chants lyriques de Saül » ont été détachés pour les *Méditations* du drame *Saül* auquel le poète attachait un grand prix et qui fut refusé par Talma pour la Comédie-Française.
- De **1819** datent :
- « L'Enthousiasme » : comme l'a montré Henri Guillemin, ce poème est inspiré par la passion très sensuelle du poète pour Léna de Larche. Désormais, il n'est plus question de mourir dans des langueurs inconsolables, mais de garder son dernier souffle de vie pour aimer.

- « La Providence à l'homme », méditation qui complète
« Désespoir » en en prenant le contre-pied. La pensée lame-
naisienne s'y retrouve de même qu'une paraphrase du Livre de
Job. Preuve que Lamartine est passé par tous les stades de la
pensée à propos de la foi.
- « La Poésie sacrée ».
- « La Semaine Sainte à La Roche-Guyon ».
- « Le Chrétien mourant ». Dans ces trois poèmes, Lamartine
prend figure de dévot, de parfait croyant.

Pour écrire « La Poésie sacrée », Lamartine s'adresse, jusqu'à
la paraphrase, aux épisodes de la Bible imprégnés de pessi-
misme : Livre de Job, plaintes et lamentations des prophètes
Isaïe, Ezéchiel, Jérémie. Il y puise des images qui donneront de
lui l'idée d'un poète sauvé, dans ses malheurs, par la foi.

« La Semaine Sainte à La Roche-Guyon » est inspiré par la
Semaine Sainte qu'il passa à La Roche-Guyon, au château du
duc de Rohan, futur évêque d'Auch. Son poème traduit sa
sympathie pour la ferveur religieuse entretenue lors du temps
le plus fort de l'année liturgique chrétienne, avec toutefois
quelques réserves : s'il approuve l'aspiration vers l'infini propre
au sentiment religieux, il craint l'excès des pratiques dévotes.

« Le Chrétien mourant » est l'imitation d'une ode du poète
anglais Pope (1688-1744), « The dying Christian to his Soul ».
Lamartine doit garder la chambre pour des palpitations
cardiaques. Il envisage la mort et insiste sur ce qu'il a en
commun avec le vrai croyant : l'espoir en l'au-delà.

C'est à cette époque que Lamartine se décide à faire publier ses
poésies « lyriques », lui qui se voulait épique et dramatique et qui
est contrarié dans cette vocation. Il a quelque inquiétude : sa
carrière, ses relations ne vont-elles pas souffrir de certaines de ses
prises de position ? Pour enrichir le volume, il écrit de nouveaux

textes en **1819** : « Dieu », « Souvenir », « Le Soir », « La Retraite », « Le Vallon », « L'Homme », « La Prière », « L'Automne ».

- « Dieu » est inspiré de l'*Essai sur la nature des religions* de Lamennais, mais Lamartine, tributaire du déisme du XVIIIe siècle, en appelle à une nouvelle révélation.
- « Souvenir » évoque Elvire, la femme aimée et perdue, dont l'image peuple l'univers dans une sorte d'hallucination.
- « Le Soir » présente une Elvire surnaturelle, messagère de paix et de communion pour le poète. **Étape capitale du développement esthétique de Lamartine : la rêverie s'intériorise, émotion et description ne se juxtaposent plus mais se confondent.**
- « La Retraite », poème de circonstance dédié à M. de Châtillon qui avait donné l'hospitalité au poète à la suite d'un incident sur le lac. Lamartine s'applique ici à parler selon la sagesse épicurienne du XVIIIe siècle qui était celle de son hôte.
- « Le Vallon », ce poème aurait été écrit pour Virieu qui connaît une phase de dépression. Il y aurait identification entre le poète et son ami, par sympathie. Et élan religieux.
- « L'Homme », c'est le poème le plus long du recueil de 1820. Lamartine chante le poète anglais Byron dont la renommée s'était répandue à Paris, non sans faire scandale. Précisément, Lamartine l'invite à la fin à s'en remettre à la « sagesse suprême » et à chanter, soumis, la Providence divine.
- « La Prière », inspiré sans doute du poème de Pope « L'Universal Prayer » que tous les déistes du XVIIIe siècle connaissaient. Lamartine, cependant, aimait tout naturellement l'oraison.
- « L'Automne », ce poème, d'un pathétique concerté, termine le recueil de 1820. Le poète y semble écartelé entre deux orientations : l'automne des fruits, de l'abondance, mais aussi l'automne, messager de l'hiver, de la mort. Lumière évanescente de ce poème un peu suranné.

Le moment de la parution est venu. Genoude s'occupe de cette première édition qui comporte vingt-quatre *Méditations.* Quatre poèmes en sont écartés : « La Retraite », « Elvire », « Ode aux Français », « Le Génie ».

La seconde édition sera augmentée de « La Retraite » et du « Génie ». La neuvième, de 1822, d'« À Elvire » et d'« Ode » auxquels on ajoutera « Ode sur la naissance du duc de Bordeaux » et « Philosophie ».

> « Ode sur la naissance du duc de Bordeaux » : c'est une œuvre de commande. La duchesse de Berry, dont le mari est assassiné en février 1820 par Louvel, est enceinte. L'enfant naît en octobre dans une apothéose : la monarchie a un héritier légitime. Le prince de Naples, père de la duchesse, sollicite les bons offices de Lamartine pour célébrer l'événement. D'où un long poème envoyé à toute la Cour qui le jugea détestable en raison des idées « libérales » qui commençaient à poindre dans l'esprit du poète. Lamartine le publie dans l'édition de 1822 en le modifiant sérieusement et en se présentant comme partisan d'une monarchie de droit divin.

> « Philosophie » : en 1821, Lamartine, qui s'est mis en congé de son poste de secrétaire diplomatique à Naples, s'arrête chez l'ambassadeur de Florence, Monsieur de la Maisonfort qui le traite fort bien. À son retour à Aix, puis à Milly, il met en vers cette épître de remerciement où il se prête, apparemment sans mal, à la philosophie voltairienne de son interlocuteur. La mère du poète s'en alarmera, qui écrira : « ... j'ai une si grande horreur de cette abominable philosophie... tu es né pour être religieux... ne transige point avec l'esprit et les passions du monde... »

Nous avons donné là un aperçu des trente *Méditations* parues dans la neuvième édition de 1822 (ce sont les *Méditations* reprises par l'actuelle collection « Poésie-Gallimard »).

Onze autres pièces ont été rajoutées par les souscripteurs en **1849 pour des raisons commerciales** : on cherchait à relancer l'ouvrage en le « parant » d'inédits. En fait, ces poèmes ne relèvent pas l'ouvrage, tant s'en faut. Ce sont :

- 1831 : « À un Enfant, fille du poète ».
- 1841 : « Ressouvenir du Lac Léman » où Lamartine manifeste son orientation libérale. Poème intéressant.
- « Les Oiseaux », poème sensible destiné à illustrer un dessin ou une peinture.
- 1842 : « Le Coquillage au bord de la mer ».
- 1843 : « Le Pasteur et le Pêcheur ».
- « Les Fleurs ».
- 1844 : « Ferrare », après la visite du cachot du Tasse. Rappel du culte de Lamartine pour la *Jérusalem délivrée.*
- « Le Lis du golfe de Santa Restitua ».
- 1846 (?) : « À une Fleur séchée dans un album ».
- 1847 : « La Charité ». Depuis son voyage en Orient, Lamartine trouvait des vertus chrétiennes chez les sectateurs de l'islam.
- « Les Pavots ».

2. Conclusion

On remarquera que la chronologie des poèmes ne commande pas l'ordre qu'ils occupent au sein du recueil. Le classement de certains de ces poèmes a du reste changé au cours des diverses éditions sans qu'il soit toujours possible de déterminer le mobile exact de ces changements. De toute façon, un souci démonstratif rigoureux ne semble pas avoir suscité une recherche de structure exemplaire.

II. CLASSICISME ET ROMANTISME DES PREMIÈRES *MÉDITATIONS*

Lamartine n'a jamais pris une attitude de novateur. Ses rêves aux alentours de sa trentième année sont épiques et dramatiques. Sa poésie lyrique n'est qu'un à-côté auquel il ne croit guère. Ses lectures ont été variées, avec une prédilection pour les poètes néoclassiques du XVIIIᵉ siècle, les Parny, Millevoye, J.-B. Rousseau, Saint-Lambert, mais aussi pour *René*, pour les œuvres d'Ossian ou de Byron, comme nous l'avons évoqué. Son œuvre va donc traduire une distorsion entre deux appels : celui du **goût** dont le classicisme formel est le garant comme principe de civilisation et celui d'une **sensibilité** qui veut se dire, se manifester. Pour donner un aperçu de cette dichotomie*, relisons la dixième *Méditation*, « Ode », où le poète tient la gageure de chanter les vertus du lyrisme contre les raideurs stylistiques de la poésie des Lumières dans l'octosyllabe malherbien le plus figé, le plus conventionnel, le plus compassé et « raide » qui soit.

> Mais, ô déclin ! Quel souffle aride
> De notre âge a séché les fleurs ?
> Eh quoi ! le lourd compas d'Euclide
> Étouffe nos arts enchanteurs ?
> Élans de l'âme et du génie !
> Des calculs la froide manie
> Chez nos pères vous remplaça :
> Ils posèrent sur la nature
> Le doigt glacé qui la mesure,
> Et la nature se glaça !

1. Le classicisme des *Méditations*

a. La langue et ses clichés

Lamartine utilise les clichés précieux, les expressions toutes faites (« Le vague de l'air » dans « Le Soir » est une expression rebattue de la langue poétique du XVIIIe siècle) et les tours périphrastiques les plus éculés qui soient mais qui appartiennent à ce qu'on appelait le « style noble ». C'est la langue du XVIIe siècle épurée par le XVIIIe. Ainsi l'eau est-elle souvent « l'onde », le vent, « l'aquilon » ou « des zéphyrs trompeurs », l'aurore a son « char » (« L'Isolement »), la nuit également (« Le Soir »), la lune est « le char vaporeux de la reine des ombres » (« L'Isolement »), « l'astre au front d'argent » (« Le Lac »), le soleil, « Le roi brillant du jour » (« La Prière ») ou le « grand flambeau du jour » (« La Foi »), la Foi est « flambeau divin » (« La Foi »), le front est le noble emblème du visage et de la vie :

Déjà mon front couvert d'une molle pâleur (« Hymne au Soleil »)

Mais c'est aussi celui du soleil :

Et sous la main des temps ton front n'a point pâli !
(« Hymne au Soleil »)

Ainsi trouvons-nous des métonymies* de type classique : la cloche, c'est « l'airain » :

Ou l'airain gémissant, dont les sons éperdus
Annoncent aux mortels qu'un malheureux n'est plus !
(« L'Immortalité »)

L'airain religieux s'éveille avec l'aurore... (« La Semaine Sainte »)

L'air a des « champs » : « les champs de l'éther » (« L'Immortalité ») ou des « plaines » : « Dans les plaines de l'air » (« Le Vallon »), la nuit, ou le matin ont des « voiles » (« Souvenir »). On trouve fréquemment l'image du « port » (cf. « À Elvire », « La Semaine Sainte », « Le Chrétien mourant »,...). Bien entendu « le feu » est l'expression métaphorique de l'amour (« Le Temple »).

Prenons un exemple de cet art rendu factice par ses ornements, ses conventions, sa mythologie dans une ode de **Jean-Baptiste Rousseau** (1671-1741) :

> Pour vous l'amante de Céphale[1]
> Enrichit Flore[2] de ses pleurs ;
> Le Zéphyr[3] cueille sur les fleurs
> Les parfums que la terre exhale. (*Odes*, II, 11)

Lamartine parvient difficilement à la synthèse métaphorique, d'où, dans sa poésie, l'abondance lourde et convenue des comparaisons, les « comme », les « ainsi (que) » (cf. par exemple « La Poésie sacrée » : « comme l'ombre », « ainsi qu'un nuage qui passe », « comme la fleur », « Comme un troupeau sur les collines »). Lorsqu'il accède à la métaphore, c'est parfois pour retrouver les formules galantes d'un autre âge :

> Mais mon amour n'a pas de nuit,
> Et tu luis toujours sur mon âme. (*Souvenir*)

Certains procédés sont déjà datés au moment où écrit Lamartine, toute une rhétorique de l'antithèse (« Réveille le passé, plonge dans l'avenir ! », « La Poésie sacrée ») de l'anaphore avec des échos (« Salut, bois consacré ! Salut, champ funéraire... », « Le Temple ») avec les effets performatifs d'intensité que sont les phrases exclamatives ou interrogatives, les injonctions dramatiques, les vocatifs, certaines inversions, fruits d'une recherche :

> Tout à coup des accents inconnus à la terre
> Du rivage charmé frappèrent les échos ; (« Le Lac »)

b. La prosodie*

Lamartine utilise volontiers des formes convenues comme le quatrain octosyllabique (cf. « Le Soir ») prisé au XVIIIe siècle par

---

1. Il s'agit de la déesse Eos dont le héros athénien Céphale était l'amant : elle personnifie l'aurore, et ses « pleurs » sont la rosée.
2. Flore : déesse romaine de la puissance végétative, en particulier du printemps.
3. Zéphyr : fils d'Eos, il incarne le vent d'ouest. Ovide en fait l'époux de Flore.

Voltaire, Bernis, Parny, Millevoye, pour leur poésie sentimentale. Pour toutes ses odes, il utilise la strophe de dix octosyllabes recommandée par Malherbe et reprise inlassablement par les lyriques comme Jean-Baptiste Rousseau. Cette poésie du XVIIIe siècle tendait à devenir artificielle, mais elle donnait à Lamartine le goût de l'impersonnel.

c. Bilan

Le classicisme équivaut à la standardisation de certains procédés, de certains mécanismes, à l'engluement dans des formes et des approches convenues. Dès lors, la situation d'énonciation devient situation de commémoration. Ce qui nuit sans doute aujourd'hui à Lamartine, c'est un langage déjà épuisé lorsqu'il l'utilise, un langage où la dénotation le cède à la connotation. De nos jours nous percevons la poésie comme mouvement de révolte contre le monde et sa recherche de cohérence, contre des signes attendus, prêts à l'emploi, dégradés : il n'y aurait de poésie que « déplaçant les lignes » et privilégiant l'obstacle, voire la violence. En assurant et assumant la crise du référent, la poésie remettrait en cause l'ordre du monde. Or, Lamartine nous donne trop souvent le sentiment de suivre un protocole de musée, d'utiliser un code démonétisé.

2.   Difficile partage entre classicisme et romantisme

a. Mise en représentation du texte

Plus qu'une forme, le classicisme est un esprit.

Redisons le désir profond qu'avait Lamartine — désir déçu — de faire carrière au théâtre, dans la poésie dramatique. On trouve chez lui cette tendance psychologique teintée des procédés dramatiques du classicisme et du néoclassicisme dont le modèle est sans doute à chercher dans la tradition gréco-latine, dans la maïeutique* d'un Socrate comme dans tous les dialogues philosophiques qu'affectionnaient les Anciens. **Sa poésie n'est pas séparée de la théâtralité** : le poète joue son personnage au sein du spectacle que constitue le monde. Il est le Spectateur qui révèle à soi-même son propre spectacle. En lisant, par exemple, certains passages de « L'Immortalité » le lecteur a le sentiment d'être en face d'un long monologue de théâtre :

> Qui m'en a détaché ? Qui suis-je, et que dois-je être ?
> Je meurs et ne sais pas ce que c'est que de naître.
> Toi qu'en vain j'interroge, esprit, hôte inconnu,
> Avant de m'animer, quel ciel habitais-tu ?
> Quel pouvoir t'a jeté sur ce globe fragile ?
> Quelle main t'enferma dans ta prison d'argile ?...

La poésie de Lamartine aime ainsi radicaliser la portée démonstrative de son texte, s'exhiber, trouver son assise dans des situations de communication qui rehaussent son drame, utiliser la prosopopée*, se donner aux forces irruptives du dialogue, c'est-à-dire de l'illocutoire*, du phatique*, ce qui produit un supplément de sens par un questionnement, une communication artificielle : « Descends-tu... ?... Viens-tu... ? » (« Le Soir ») Partout des voix qui parlent dans cette poésie, partout la démultiplication des instances dialogiques : dans « L'Homme », c'est « l'hymne de la raison » qui s'élance de la lyre du poète ; dans « La Providence à l'homme », c'est la conscience du poète qui intervient ; dans « Ode », c'est le peuple ; dans « le Lac », c'est Elvire ; dans « La Charité », c'est Dieu. Cet excès de dialogues, aux accents de prétoire ou de chaire parfois, permet d'accéder, par des voies (ou des voix) **obliques**, à la conscience du poète, aux forces qui la traversent, ce qui traduit à quel point Lamartine reste attaché à cette **pudeur classique qui prônait l'impersonnalité et refusait la confidence directe.** Cette posture énonciative permet à Lamartine d'édifier son mythe en se plaçant à une certaine distance de la vie réelle et en se donnant des intermédiaires qui conjurent son absence.

On peut ramener cette soif rhétoricienne chez le poète à ce qu'on appelle l'hypotypose*, à ce qui vient animer, grandir une scène, la rendre frappante, « scintillante », efficace, **exemplaire**. Comme nombre de poètes et de La Pléiade (redécouverts quelques années plus tard par Sainte-Beuve, Lamartine ne les a certainement pas connus) et du XVIIIᵉ siècle, Lamartine a recours à des mythes, à des figures symboliques qui rehaussent **indirectement** sa propre aventure terrestre. Ce processus produit un supplément de sens, certes, en même temps que, **comme chez les classiques, se trouvent fondés en un même type des traits épars ou des visages divers**. Ne l'oublions pas, le classique utilise son propre cœur, ses propres aspirations, sa propre expérience mais pour les traduire, non à travers un Je qui passerait pour insupportable, mais à travers un ou des relais, à travers « l'Autre » ou « les Autres » (pensons, à ce propos, à Racine). Voyons, par exemple, comment dans le « Désespoir », « Caton », « Platon », « Brutus », viennent au secours de la démonstration du poète, ou comment dans « L'Enthousiasme », « Ganymède », « Icare », « Pindare », « Apollon », « Homère », « Memnon[1] », ou dans les « Chants lyrique de Saül », les noms des grandes cités bibliques, brillent d'une présence métaphorique qui donne poids et prestige au chant de l'écrivain et réactive sa démonstration. La présence sacrale

---

1. **Caton d'Utique** (93-46 av. J.-C.), stoïcien farouche, défenseur de la République, allié de Pompée et vaincu, il se donna la mort. **Platon**, philosophe grec (428-348 av. J.-C.), disciple de Socrate, il aborde dans son oeuvre les grands problèmes politiques et métaphysiques. **Marcus Brutus** (85-42 av. J.-C.), neveu de Caton d'Utique, il participa au complot meurtrier contre Jules César dont il était le fils adoptif. **Ganymède**, prince légendaire de Troie dont Zeus s'éprit en raison de sa beauté et qu'il enleva pour en faire son échanson. **Icare**, enfermé par Minos dans le Labyrinthe avec son père Dédale, il s'en évade grâce aux ailes que son père lui fabrique. Dans son ivresse de voler, il s'approche trop près du soleil, la cire qui attachait les ailes à ses épaules fond et l'imprudent sombre dans la mer qui porte son nom. **Pindare**, poète lyrique grec (518-438 av.J.-C.), auteur de nombreux poèmes brillants dont les plus célèbres sont les *Épinicies à la gloire des vainqueurs des jeux*. **Memnon**, héros de la guerre de Troie, il fut tué par Achille. Il obtint de Zeus de siéger parmi les Immortels.

emblématique de ces figures d'évaluation ou de ces icônes fixe ainsi le ton de bien des poèmes en même temps qu'elle fascine, c'est-à-dire… manipule.

b. Au contact du miroir

Le poète a besoin de l'Autre, disions-nous, du modèle ou de l'anti-modèle, du mythe pour s'exprimer, se poser, se mettre en représentation, se créer un espace spirituel original baroque. Or, prendre la pose dans un Je qui s'affirme et se démultiplie est fortement romantique.

Dans « L'Isolement », par exemple, le poète prend conscience de son exil par rapport à la beauté et à la sérénité d'un paysage crépusculaire qui lui tient lieu d'**anti-miroir** :

Mais à ces doux tableaux mon âme indifférente
N'éprouve devant eux ni charme ni transports,
Je contemple la terre, ainsi qu'une ombre errante :
Le soleil des vivants n'échauffe plus les morts.

Il lit sa vacuité, sa fracture existentielle dans une réfraction.

Célébrant Byron dans « L'Homme », Lamartine se crée un espace spirituel de connivence : il se réfléchit dans ce qu'il commémore, il se célèbre par diffraction, c'est-à-dire indirectement, par personne interposée. La reconnaissance de l'Autre est reconnaissance de soi par communion, secrète parenté :

J'aime de tes concerts la sauvage harmonie

De même du Tasse (cf. « Ferrare ») ou le « il » se transforme en un « nous » de confraternité :

Loin de nous amollir, que ce sort nous retrempe !
Sachons le prix du don, mais ouvrons notre main.
Nos pleurs et notre sang sont l'huile de la lampe
Que Dieu nous fait porter devant le genre humain !

Souvent, l'événement vécu devient support d'une disposition mentale qui se dit en écho ou en subordination. Les poèmes-

épîtres* de Lamartine comme « La Retraite » (à M. de Châtillon),
« La Gloire » (à un poète exilé), « Ressouvenir du lac Léman » (à
M. Hubert Saladin), « Philosophie » (au Marquis de L.M.F.) lui
permettent de retrouver une part de soi-même, de sa culture, d'une
pensée écartelée oscillant entre des pôles opposés, en résumé, de sa
complexité. La vérité lamartinienne se cherche dans les
Méditations, elle est divisée contre elle-même, ce qui la rend pathé-
tique, et il serait vain de discuter de la sincérité d'une inspiration
déchirée par la maïeutique* socratique qui la dynamise. Le destina-
taire sert le projet du destinateur*, lui offre la possibilité de
s'énoncer.

Nous aurons l'occasion de revenir sur ce point en évoquant la
figure mythique d'Elvire, mais l'amour permet au poète de se mettre
au regard de son écriture et de s'y mirer dans une attitude narcis-
sique qui se joue des reflets :

Et tu luis toujours sur mon âme (« Souvenir »)

Cette figure précieuse rend compte d'un jeu de miroirs complexe
où les reflets se démultiplient : l'être aimé se réverbère dans l'âme
du poète qui, elle-même, se réverbère dans l'écriture. Toute vérité
humaine serait d'une façon platonicienne un jeu de reflets. On
conçoit ainsi combien il est difficile de séparer le classicisme,
monde des formes pures qui masque son Je (et son jeu), du roman-
tisme qui veut se donner en spectacle dans une liberté d'invention.
Si le jeu des reflets permet au poète de se dire indirectement, à la
manière classique, il démontre aussi intuitivement que tout est dans
tout, qu'il existe un tissu serré, complexe des relations et, quelque
part, une secrète unité dont le poète capterait au passage le sens.
Peu importe que Lamartine n'ait pas eu la nette conscience qu'il
existe un savoir plénier, et de subtiles « correspondances » s'il en a
eu l'intuition !

3. Le romantisme des *Méditations*

La poésie sensible s'est réfugiée dans la prose de Rousseau, de Chateaubriand. Les lois du goût et de la versification sont tyranniques et figent ou dessèchent la pensée. Comment dès lors réagir ?

a. La poésie du deuil

La marque de fabrique du romantisme, c'est de nous présenter des êtres malades, dévorés d'une langueur mal définie qui s'ouvre sur le mal ontologique* de la transcendance*.

b. Le premier des deuils est celui de la permanence

Tout est par le temps emporté (« La Retraite »)

La fugacité est vécue comme un drame car elle met en œuvre l'écartèlement d'une conscience partagée entre ce qui fut et ce qui est, noyée dans une dispersion. Ce drame explique pour partie les oscillations de Lamartine partagé entre la sacralisation de la raison à la façon des Lumières et ses aspirations à un au-delà consolateur et salutaire. Lamartine affronte les limites, les confins, la solitude, la mort, Dieu. Ses *Méditations* sont faites de sursauts pour atteindre une vérité, c'est-à-dire une plénitude, mais, pour un romantique, il n'est pas d'obstacles définitivement surmontés. Lamartine est de ces romantiques qui offrent le spectacle somme toute rassurant, parce qu'ouvert au sens, d'un inachèvement. De l'incomplétude qui constitue le drame humain.

Lamartine a senti (et peu importe que ce soit Lamennais qui lui ait fait sentir « la désolante imperfection du langage »), qu'il était des choses irréductibles à l'écriture : l'absolu, Dieu :

Mais sitôt que je veux peindre ce que je sens,
Toute parole expire en efforts impuissants ;
Mon âme croit parler, ma langue embarrassée
Frappe l'air de vingt sons, ombre de ma pensée. (« Dieu »)

Mais dire qu'on ne peut pas dire, s'affirmer au sein d'une problématique, c'est entrer dans l'intelligibilité du mystère.

De même, se mesurer au temps, à la radicale étrangeté du Temps, c'est se mesurer à son propre exil :

> La nuit tombe, et le Temps, de son doigt redouté,
> Me marque un jour de plus que je n'ai pas compté ! (« Philosophie »)

ou à une trahison :

> Quand tout change pour toi, la nature est la même,
> Et le même soleil se lève sur tes jours. (« Le Vallon »)

Image de dissociation, de rupture, d'un vide à combler, d'une urgence dont l'écriture est seule à pouvoir rendre compte en transformant l'absence en présence, l'éparpillement en cohérence. L'absence creuse l'imaginaire. Proclamée, elle se fait présence d'absence. La lacune nourrit le vers. On aura beau jeu de faire remarquer comment, dans un poème comme « À Elvire », Lamartine reprend un poncif, le thème rebattu de l'art — en l'occurrence l'écriture poétique — comme seul capable de conférer ici-bas à ce qui doit physiquement mourir l'immortalité spirituelle :

> ... Tu peux, tu peux mourir ! Dans la postérité
> Il lègue à ce qu'il aime une éternelle vie ;
> Et l'amante et l'amant, sur l'aile du génie,
> Montent, d'un vol égal, à l'immortalité !

On aura tort, ce faisant, de ne pas voir combien ce thème entre chez lui dans une angoisse sur l'incertitude du temps, ce qui l'oblige à remettre sans cesse en question le problème eschatologique* de la permanence et de l'éternité. D'où ces constantes vaticinations* à propos d'un Dieu qui, en ratant sa création, ne s'est pas montré bon géomètre (cf. « Le Désespoir ») et d'un Dieu qui, au contraire, eut la parfaite maîtrise de l'agencement de l'univers (cf. « La Providence à l'homme »), à propos d'un « Dieu caché » (« Philosophie ») face à un Dieu qui, de toutes parts, s'est révélé. Toute la dynamique de l'imaginaire lamartinien repose sur cette hétérogénéité établie entre l'appel de sens et l'obstacle qu'est le temps.

Le non-sens de la mort, de la rupture est nié par le recours à des phénomènes d'ordre supérieur, à une communion d'au-delà, une permanence par relation infime avec le mystère :

Comme deux rayons de l'aurore,
Comme deux soupirs confondus,
Nos deux âmes ne forment plus
Qu'une âme, et je soupire encore ! (« Souvenir »)

Lamartine est de ces poètes romantiques qui, prenant conscience que l'homme n'est pas maître du sens, ont mis en place le problème du devenir humain et d'un parcours au-delà du visible :

Après m'avoir aimé quelques jours sur la terre,
Souviens-toi de moi dans les cieux. (« Invocation »)

c. Le deuil de soi-même

La marque du romantisme, c'est de nous montrer un poète réduit à l'état « d'ombre errante » (« L'Isolement »), homme de nulle part, exilé sur cette terre et qui voudrait qu'on écarte de son front « les ombres de la mort » (À Elvire ») :

J'ai vécu ; j'ai passé ce désert de la vie,
Où toujours sous mes pas chaque fleur s'est flétrie... (« La Foi »)

Tout fuit, tout glisse. Lamartine pense moins pour sentir plus, il réhabilite le sentiment, le rêve (« Je suis d'un pas rêveur le sentier solitaire », « L'Automne »), une forme de torpeur (« Mon âme s'assoupit au murmure des eaux », « Le Vallon »), l'insaisissable, une vérité incertaine en débat avec l'existence. Nouvelle gageure de voir s'accomplir la « monumentalisation » du poète sur des ruines ou des décombres ou de l'impondérable ou de la lassitude (« J'ai trop vu, trop senti, trop aimé dans ma vie », « Le Vallon »). Georges Poulet, au cours des pages pénétrantes qu'il consacre à Lamartine dans *Les Métamorphoses du cercle,* montre fort bien comment, dans cette poésie, nous sommes à la tangence du vivre et du mourir, du positif et du négatif, du permanent et de l'éphémère. Poésie des lointains de l'âme, des vapeurs ouatées de l'esprit, d'une volatilisation :

> Déjà je vois la vie, à travers un nuage
> S'évanouir pour moi dans l'ombre du passé... (« Le Vallon »)

En fait, les *Méditations* n'offrent guère d'éléments qui n'aient été traités antérieurement en vers ou en prose par les poètes, mais il s'y ajoute un frémissement de l'âme, une fragilité, un naturel jusque-là inexploités en vers. Les classiques invétérés de l'époque ont bien perçu quelle nouveauté gênante exhalait le parfum de cette âme, eux qui ont parlé de poésie « pulmonaire et pleurarde ». C'est d'autant plus remarquable que Lamartine, respectueux des traditions, poète académique, ne se posait pas en novateur. S'il a été le poète romantique de l'indiscrétion, c'est dans la mesure où l'évidence de l'esprit a cédé le pas chez lui à l'intuition du cœur et à une musique nouvelle.

d. Une écriture en deuil d'elle-même. Appel de modernité

En entendant tourner le dos à la froide géométrie de pensée des versificateurs néoclassiques, Lamartine inscrit sa prosodie* dans une rupture, c'est-à-dire une tension. **Une crise.** Cette crise est fondée sur un deuil qu'il faut réparer, dont il faut se relever, qui serait le deuil d'une subjectivité délaissée, d'une poésie recluse. L'écriture poétique n'est plus elle-même parce qu'elle est depuis trop longtemps brimée :

> Pleurons donc, enfants de nos pères !
> Pleurons ! De deuil couvrons nos fronts !
> Lavons dans nos larmes amères
> Tant d'irréparables affronts ! (« Ode »)

Il s'agit, dans ce poème, de pleurer les dégâts occasionnés par le siècle des Lumières qui a tout desséché, en particulier les « Élans de l'âme et du génie ! »

Lamartine se tourne donc vers une autre forme d'inspiration qui ne craindra pas les débordements et les torrents de l'imagination. Il faut désormais reconstruire, s'engager sur des terres nouvelles. Se dessine déjà l'idée d'un poète pionnier, déchiffreur : Lamartine ouvre là une voie aux poètes à venir.

Le poème « L'enthousiasme » est à ce propos un manifeste romantique qui prône une poésie sauvage, débordante de sève et bousculant la cohérence du monde :

Et la lave de mon génie
Déborde en torrents d'harmonie
Et me consume en s'échappant

Écriture de la souffrance, du sacrifice, de la passion, du surplus de conscience, de l'irruption intempestive (« la lave de mon génie ») comme en témoigne dans sa vigueur le courroux de Dieu dans « La Poésie sacrée » :

Ses torrents sécheront sous ma brûlante haleine ;
Ma main nivellera, comme une vaste plaine,
Ses murs et ses palais ;
Le feu les brûlera comme il brûle le chaume.
Là, plus de nation, de ville, de royaume ;
Le silence à jamais !

Le poète, nouveau Prométhée, se fait voleur de feu :

Mais nous, pour embraser les âmes,
Il faut brûler, il faut ravir
Au ciel jaloux ses triples flammes

Le romantique n'introduit pas la paix en ce monde, mais la guerre par et dans les mots comme la guerre dans les esprits. Le romantisme est bien une insurrection contre la stérilité de la pensée et toute tentative de réduction rationnelle dans l'ordre de l'expression des sentiments :

Non, jamais un sein pacifique
N'enfanta ces divins élans,
Ni ce **désordre** sympathique
Qui soumet le monde à nos chants.

Le monde a besoin d'un air nouveau. Là se dessine implicitement la nouvelle mission du poète éclaireur de l'humanité, « Mage » dira Hugo, « Phare » dira Baudelaire. Le flux de la pensée n'est-il pas « **désordre** » ? Ne touchons-nous pas là au vitalisme* du mouvement romantique qui offre une chance à l'aventure créatrice de la poésie ? De plus, « l'enthousiasme » ne permet-il pas d'accéder à l'au-delà des systèmes d'intelligibilité officiellement établis et standardisés ? De s'aventurer au sein des transcendances* sans craindre de dire « NON » aux formes convenues établies par la raison ? :

Aux pures régions où j'aime à m'envoler,
L'enthousiasme aussi vient me la [« la langue du ciel »] révéler ;
Lui seul est mon flambeau dans cette nuit profonde,
Et mieux que la raison il m'explique le monde. (« Dieu »)

Certes, nous pouvons regretter que Lamartine ne soit pas allé plus loin dans l'innovation, et ne se soit pas évadé davantage du champ clos de la tradition rhétorique. Mais qu'importe, s'il a eu l'intuition de ce que devait être l'épistémologie* romantique dans sa recherche explosive d'autres vérités et d'autres valeurs, et s'il a ouvert aux futurs pionniers de l'écriture poétique des perspectives éclairantes en rupture avec les habitudes mentales consacrées. En lisant l'hommage admiratif qu'il rend à Byron comparé, dans « L'Homme », à un aigle :

Lui, des sommets d'Athos franchit l'horrible cime,
Suspend aux flancs des monts son aire sur l'abîme,
Et là, seul, entouré de membres palpitants,
De rochers d'un sang noir sans cesse dégouttants,
Trouvant sa volupté dans les cris de sa proie,
Bercé par la tempête, il s'endort dans sa joie.

on peut facilement imaginer de quels rêves fantastiques se nourrissait l'imagination de Lamartine.

4. Conclusion

Nous avons voulu souligner ici combien le romantisme des *Méditations* est un romantisme hybride qui ne se réduit pas à l'évanescence de sentiments flottants et murmurés telle que veulent nous le faire croire les anthologies qui citent invariablement les mêmes poèmes : « L'Isolement », « Le Vallon », « Le Lac », « L'Automne ». Pour pertinent que soit ce choix quand on veut démontrer la qualité du lyrisme de Lamartine, il n'en reste pas moins mutilant d'une œuvre fort contrastée qui offre, parallèlement, des beautés d'un autre type, où l'épique, le souffle emporté, la véhémence théâtrale ne sont pas absents.

Les *Méditations* constituent, répétons-le, une œuvre de dépit et de compensation de la part d'un poète qui n'a pas réussi dans le genre qu'il affectionnait : le genre dramatique. Les grands poèmes symphoniques portent la marque de ce dépit, ils sont comme une revanche. À côté de poèmes qui annoncent, par le flou délicat qu'ils mettent en œuvre, le mouvement symbolique, eux apportent par contraste un souffle d'épopée, une dynamique où l'illocutoire* exalte la force positive de ce qui est dit, parfois jusqu'au fantastique comme pourraient en témoigner plusieurs extraits de « La Poésie sacrée » inspirés soit d'Isaïe, soit d'Ézéchiel.

Il est fécond de confronter en une éclairante dialectique les deux pôles opposés d'une œuvre dont l'un éclaire l'autre en le complétant.

III. LA MUSIQUE LAMARTINIENNE

La parole poétique relève d'une métalinguistique*, de la musique subtile qu'entretiennent entre eux les mots dans leur rencontre, leurs accords et leurs désaccords. Concomitant à la production d'un sens que Lamartine n'a jamais renié, il existe une mesure du vers lamartinien, un rythme. C'est le fameux « chant lamartinien » qui faisait dire à Théophile Gautier que Lamartine était peut-être « le plus grand musicien de la poésie ». Dans ses commentaires sur « L'Isolement », Lamartine écrit : « J'étais comme le musicien qui a trouvé un motif, et qui se le chante tout bas avant de le confier à l'instrument. L'instrument pour moi, c'était l'impression. Je brûlais d'essayer l'effet du timbre de ces vers sur le cœur de quelques hommes sensibles. Quant au public, je n'y songeais pas, ou je n'en espérais rien. Il s'était trop endurci le sentiment, le goût et l'oreille aux vers techniques de Delille, d'Esménard et de toute l'école classique de l'Empire, pour trouver du charme à des effusions de l'âme qui ne ressemblaient à rien, selon l'expression de M. D*** à Raphaël. »

Passage intéressant puisque Lamartine y affirme l'originalité de sa musique par rapport à la sécheresse de la poésie néoclassique.

Procédés de composition

a. Le mot est souvent flou, sans pittoresque afin de mettre en valeur le timbre des syllabes, des allitérations

En vain le jour succède au jour,
Ils glissent sans laisser de trace ;
Dans mon âme rien ne t'efface,
Ô dernier songe de l'amour ! (« Souvenir »)

Dans cette strophe les chuintantes suggèrent la marche sournoise du temps destructeur par opposition au dernier vers, vrai *locus amoenus*, lieu d'une âme qui se pénètre d'un « dernier songe », un songe de beauté et d'amour purs. On remarque l'absence ici d'effets rhétoriques : l'asyndète* opère le glissement de l'extérieur vers l'intériorité de l'âme, vers l'espace mystérieux du dedans et s'ouvre sur une « extase » : « Ô dernier songe de l'amour ! » Cet impressionnisme du sentiment capté dans un éclair de l'intuition sera la marque de le poésie verlainienne. Dans « Le Soir » le poète recherche l'indécision : tout est proposé, rien n'est imposé. Le discours interroge, reste dans l'expectative dans une forme d'immédiateté du sentiment, de la réflexion : « On dirait » (v. 11), « Peut-être... » (v. 37), avec des virtualités, des frémissements saisis au vol : « Ah ! si c'est vous, ombres chéries ! » (v. 41). Lamartine veut que l'idée devienne impression, sensation, parfois jusqu'à l'incantation*, l'abjuration portant le sens :

> Qu'il soit dans ton repos, qu'il soit dans tes orages,
> Beau lac...
> Qu'il soit dans le zéphyr qui frémit et qui passe,
> Dans les bruits de tes bords par tes bords répétés...
> Que le vent qui gémit, le roseau qui soupire,
> Que les parfums légers de ton air embaumé,
> Que tout ce qu'on entend, l'on voit ou l'on respire,
> Tout dise : ils ont aimé ! (« Le Lac »)

Le langage néoclassique devient langage de l'ineffable. L'espace est spiritualisé, l'imagination est flottante, les mots communiquent une vibration, une modulation sans prendre la peine de figer le sens. Voilà qui annonce le symbolisme : Lamartine cultive le flou, le vaporeux pour aller dans le sens de la communion. Constatons en outre que dans « Le Vallon » Lamartine évoque Pythagore et sa musique des sphères pour nous rendre attentifs à l'écho des lointaines harmonies.

(Dans un poème tardif des *Méditations*, « Ressouvenir du lac Léman » ajouté à l'édition de 1849, Lamartine donne une vision défaite, atomisée des choses, « des lambeaux de nature » saisis au fil du courant de conscience. Poème saisissant par sa modernité, modernité qui nous place, toutes proportions gardées, à l'orée du surréalisme et du chaos mental.)

Le vers, chez Lamartine se caractérise par une cadence particulière. Le rythme est très régulier avec peu de rejets. Le poète aime juxtaposer, énumérer, répéter. Il aime l'arpentage, la figure de déliaison que constitue l'asyndète* qui martèle la pensée (cf. ci-dessus, « … les monts, leurs neiges, leurs glaçons »). Autre exemple dans « L'Isolement » :

> Que me font ces vallons, ces palais, ces chaumières,
> Vains objets dont pour moi le charme est envolé ?
> Fleuves, rochers, forêts, solitudes si chères,
> Un seul être vous manque, et tout est dépeuplé !

L'effet de totalité laissé par ce système énumératif met en valeur, par contraste, le dernier vers qui se déploie en une harmonie nostalgique : reconstruction du monde dans sa diversité, déconstruction de l'être humain dans sa solitude.

Ailleurs, les répétitions, le retour de motifs identiques favorisent la portée incantatoire du poème, jusqu'à produire un envoûtement progressif, ainsi du « Lac » :

> Ô temps ! **Suspends** ton vol ; et vous, heures propices !
> **Suspendez** votre cours…
> Assez de malheureux ici-bas vous implorent,
> **Coulez, coulez** pour eux…
> **Aimons donc, aimons donc !** de l'heure fugitive,
> Hâtons-nous, jouissons !
> L'homme **n'a point de** port, le temps **n'a point de** rive ;
> Il coule, et nous passons !

Avec des effets de théâtralité, une surenchère itérative, musique sérielle envoûtante :

> **Jamais, jamais** l'écho de la céleste voûte,
> **Jamais** ces harpes d'or que Dieu lui-même écoute,
> **Jamais** des séraphins les chœurs mélodieux,
> De plus divins accords n'auraient ravi les cieux ! (« L'Homme »)

Lamartine aime ce jeu lancinant d'échos (cf. le mot « soleil », v. 20, 32, 38 de « L'Isolement »).

b. La strophe

Elle forme un ensemble musical en ménageant des blancs, des disjonctions, des respirations. Cette discontinuité est attendue lorsqu'il y a régularité de fonctionnement du poème, prédétermination. En fait, le poète joue souvent sur les différences, sur l'expressivité figurative : dans un poème comme « Le Lac », par exemple, en établissant des différences rythmiques entre la partie évocatrice des faits et la démarche illocutoire* sous laquelle s'inscrit l'évocation proférée par Elvire : dans le premier cas, les quatrains sont composés de trois alexandrins et d'un hexamètre (12+12+12+6), la strophe se termine par une sorte d'appel, de chute, dans le chant d'Elvire, pour accélérer le rythme, aux premier et troisième alexandrins succède un hexamètre (12+6+12+6). Nous assistons à un recadrage contextuel et à une surprise picturale.

Ainsi Lamartine joue-t-il, certes timidement, sur des effets de forme, sur de légères déviations pour insuffler à la mélodie des modulations. C'est un exemple d'interaction entre forme et contenu.

Lorsqu'il utilise le quatrain, c'est généralement à rimes croisées avec une solide organisation jouant sur l'opposition, la reprise : 2 vers/2 vers :

> Quand la feuille des bois tombe dans la prairie,
> Le vent du soir se lève et l'arrache aux vallons ;
> Et moi, je suis semblable à la feuille flétrie :
> Emportez-moi comme elle, orageux aquilons !

La progression par reprise, par glissement qui est le fait des vers les plus musicaux de Lamartine :

> J'ai trop vu, trop senti, trop aimé dans ma vie (« Le Vallon »)

vaut aussi pour l'enchaînement des strophes. Ainsi le mot « source » est-il l'élément moteur emblématique qui assure le glissement de la strophe 2 à la strophe 3 du « Vallon », sans mots de liaisons, dans un seul mouvement.

La treizième *Méditation*, « La Retraite », mérite un intérêt particulier tant le rythme strophique rompt avec les critères normatifs de tradition. En effet, dans ce poème Lamartine fait alterner le rythme strophique impair et le rythme pair (6+9+8+15+18+7) et le principe d'indétermination dans l'agencement des rimes des strophes impairs, d'où de légères discordances :

strophe 2, a-b-a-b-b-c-d-c-d ; strophe 4, a-b-b-a-b-c-d-c-e-f-g-f-g-h-i-h-i-h, avec des effets d'assonances ; dernière strophe, a-a-b-c-b-c-b, et la présence rémanente* en écho, en leitmotiv, dans le poème, de la rime en -age.

On aura intérêt également à examiner comment, dans « Le Golfe de Baya », la poète fait se succéder en de souples modulations octosyllabes et alexandrins et comment, dans « Chants lyriques de Saül », le poète ne recule pas devant une strophe en vers pentamètres :

Son coursier superbe
Foule comme l'herbe
Les corps des mourants...

Enfin le dithyrambe* que constitue « La Poésie sacrée », dans son emportement fougueux, visionnaire à la limite parfois du fantastique apocalyptique :

Ossements desséchés ! insensible poussière !
Levez-vous ! recevez l'esprit et la lumière !
Que vos membres épars s'assemblent à ma voix !
Que l'esprit vous anime une seconde fois !
Qu'entre vos os flétris vos muscles se replacent !
Que votre sang circule et vos nerfs s'entrelacent !
Levez-vous et vivez, et voyez qui je suis !

Ce poème accentue ses silences (cf. la présentation de l'édition Poésie-Gallimard, avec les tirets qui marquent nettement et de façon « picturale », la séparation entre les séquences) ce qui met en valeur, dans leur théâtralité dramatique, tous les effets de parole qui y sont développés. Lamartine a sous sa plume une force qu'on lui dénie ou qu'on passe chez lui sous silence (et qu'on admire chez Hugo), un bonheur à évoquer ce qui sort des normes et de l'hygiène des attendus. Sa composition est d'autre part fort libre dans son organisation prosodique et strophique.

En fait de glissement et d'échos, souvent le prélude des poèmes donne le motif général orchestré par la suite : la strophe I de

« L'Automne » porte une mélancolie en harmonie avec la douleur et la solitude du poète. De même la strophe I de « L'Isolement » annonce l'indifférence qui va suivre. Dans « Le Vallon » au contraire, la première strophe contraste par son amertume avec l'espérance qui va surgir.

Les grands poèmes sont de grandes symphonies à plusieurs mouvements internes et externes. N'est-il pas intéressant qu'à un poème comme « Le Désespoir », chargé de pessimisme et célébrant la maladresse de Dieu coupable d'une œuvre ratée succède « La Providence à l'homme » où est célébrée sur fond d'espérance la bonté de Dieu ? Que cette disposition en diptyque obéisse à une stratégie de·la part du poète soucieux d'atténuer les effets du premier de ces poèmes par le second, nul n'en doutera. Il n'empêche qu'il nous introduit, par contraste, dans deux musiques, deux tonalités différentes.

Lamartine hésite entre l'orchestration et la mélodie. Dans les grands poèmes, le souci de démontrer, de persuader est patent et ne cherche en rien à évacuer le sens. Nous sommes loin de la musique pure qui se situe au-delà de la raison et du sens. Mais toujours la structure phonique essaie de nous retenir et de nous captiver. L'âme ne serait-elle pas appelée à entrer dans une harmonique subtile :

> Moi, je meurs ; et mon âme, au moment qu'elle expire,
> S'exhale comme un son triste et mélodieux. (« L'Automne »)

IV. ELVIRE

Évoquer Elvire, c'est évoquer un mythe sur quoi Lamartine a projeté une partie de son âme. C'est, en poésie, le thème inépuisable de ces communications indirectes à travers un être qui cristallise des émotions, des intuitions, le sur-moi. Elvire permet au poète d'accéder à la conscience de soi qui nie l'évidence de la séparation et convertit l'absence en présence.

Lamartine a utilisé ce nom d'Elvire pour chanter (au moins) trois héroïnes :

- la jeune Napolitaine qu'il a connue durant l'hiver 1811-1812 et qu'il illustrera plus tard sous le nom de *Graziella* ;
- Julie Charles, titulaire officielle du pseudonyme, la bien-aimée d'Aix-les-Bains ;
- Mme de Lamartine elle-même, comme l'a montré H. Guillemin en publiant 41 vers inédits de 1823 portant la dédicace « À Elvire » et destinés sans conteste à l'épouse du poète.

Pourquoi Elvire ? Les commentateurs y sont allés de mille recherches, évoquant la confidente de Chimène dans *Le Cid* de Corneille, la femme trompée du *Dom Juan* de Molière, ou encore un emprunt au poète Parny.

Quoi qu'il en soit, on serait bien en peine de décrire cette Elvire à travers l'évocation qu'en fait le poète : pas de portrait d'Elvire, pas de personnalité d'Elvire. Peu importe sans doute, si le mythe sert à éclairer le réel et à révéler la dimension spirituelle cachée du poète : le **miroir** que nous évoquions plus haut. L'existence d'Elvire est, pour le Je qui se mire et se trouve en elle, de l'ordre de la *psyché**.

1.   Image de l'unité brisée

La mort identifie Elvire, cette dernière en devient une entité abstraite qui met le poète en contact étroit avec sa conscience et les affres ontologiques* qui la traversent. Elle est l'image de la séparation, de la maladie ou de la mort, c'est-à-dire d'un bonheur perdu qui ouvre une béance :

Mais à ces doux tableaux mon âme indifférente
N'éprouve devant eux ni charme ni transports... (« L'Isolement »)

Elle devient fondement existentiel s'il est vrai qu'il n'est d'éveil à la vie que par la souffrance d'une rupture. La mort se fait obsessionnelle dans la plupart des *Méditations*, elle provoque le poète, le place devant une nuit dans laquelle il ne cessera de vouloir faire la lumière, de prendre la mesure de ses limites :

> Que dis-je ? suspendu sur le lit des mourants,
> Mes regards la [l'immortalité] cherchaient dans des yeux expirants
> (« L'Homme »)

Lamartine trempant dans ce bain générique que constitue le drame de la solitude, cherche à réveiller l'univers pour qu'il restitue une communion perdue et reconstitue sur le mode spirituel une harmonie entre deux âmes désormais séparées. Dans « Le Lac », il demande à l'univers de prendre le relais et de lui rendre en un impondérable la voix et un peu du souffle de celle qui n'est plus. Le souvenir est lutte contre l'angoisse. Il rassemble l'unité éclatée. On remarque qu'il n'est pas trace de faute (l'aventure avec Julie Charles était un adultère), de remords, de torture de conscience. De péché. Bien au contraire puisque, dans « Le Temple », il sacralise à tel point son amour qu'il en vient à placer audacieusement Elvire au rang d'icône :

> Non : je ne rougis plus du feu qui me consume :
> L'amour est innocent quand la vertu l'allume.
> Aussi pur que l'objet à qui je l'ai juré,
> Le mien brûle mon cœur, mais c'est d'un feu sacré...

Le poète écrit « je ne rougis plus », ce qui laisse penser qu'il a rougi, mais qu'il n'a plus lieu d'avoir honte d'un amour menacé par la maladie, par la mort et par là épuré, sublimé. S'il sacralise Elvire, il se sacralise en même temps lui-même en hissant son amour au rang de « feu sacré ».

Elvire est au-delà de la contingence morale comme au-delà de la contingence charnelle et sensuelle. Elle est beauté désincarnée parce qu'elle est désormais ange et qu'elle est lumière. Elle incarne le destin amoureux du poète dans une atmosphère d'absolu par rapport à la société, de drame par rapport au temps et à la mort. Effectivement, il n'a plus à rougir de cet amour.

2.   Une initiatrice. Épiphanie. Métaphysique amoureuse

Elvire est vecteur de sens. Elle est une médiatrice qui montre le chemin et initie le poète à un au-delà. Ce travail de deuil amène le poète à désirer la communion « ailleurs » comme s'il prenait conscience du leurre que représente le théâtre du monde et de l'« ailleurs » où peut se nouer l'essentiel :

> Mais peut-être au-delà des bornes de sa sphère,
> Lieux où le vrai soleil éclaire d'autres cieux,
> Si je pouvais laisser ma dépouille à la terre,
> Ce que j'ai tant rêvé paraîtrait à mes yeux ? (« L'Isolement »)

Rien de sensuel, de sexuellement marqué dans ce rêve « d'apparition », pas d'identité non plus, mais l'indistinction d'un « ce que ».

Elvire révèle des vérités cachées. Quelque chose se produit, comme une communauté de significations qui nous fait accéder au spiritualisme romantique, à des signaux, au mystère du secret des âmes, une saisie de l'impondérable, d'une grâce incertaine (« on dirait »), un animisme* qui sacralise l'univers et le transmue en langage :

> De ce hêtre au feuillage sombre
> J'entends frissonner les rameaux :
> On dirait autour des tombeaux
> Qu'on entend voltiger une ombre. (« Le Soir »)

Elvire, à l'orée de sa mort ou après sa mort, nourrit les intuitions du poète et déclenche en lui une crise qui lui fait côtoyer des abîmes et le pousse à un incessant questionnement sur la survie de l'âme. La mort risque toujours d'être le scandale de la question sans réponse, du mal de vivre fondamental. Le drame du Dieu caché (le *Deus absconditus* du Livre d'Isaïe, XLV, 15) :

Dieu caché, disais-tu, la nature est ton temple ! (« L'Immortalité »)

Elle place le poète en face de son drame intérieur, de ses incertitudes :

Vois mourir ce qui t'aime, Elvire, et réponds-moi ! (« L'Immortalité »)

Elle lui permet de rétablir la communication avec l'absolu, avec les limites, les confins, les extrêmes mais dans un « peut-être », dans une fragilité :

Peut-être au même instant, sur un autre rivage,
Elvire veille ainsi, seule avec mon image,
Et dans un temple obscur, les yeux baignés de pleurs,
Vient aux autels déserts confier ses douleurs. (« Le Temple »)

Le leurre du miroir l'entraîne à rêver une Elvire revêtant sa propre angoisse et reflétant l'image compensatoire et rassurante du double qui abolit toute différence, « sur un autre rivage », dans un espoir d'éternité.

On n'a pas suffisamment pris en compte le désir profond qui se fait jour, chez Lamartine, d'une « totalité » à travers les sursauts de ses contradictions métaphysiques. Le principe de l'art romantique est de chercher sans aboutir. Elvire donne l'occasion au poète de cette **descente aux enfers**.

Vas-tu revoir demain l'éternelle lumière ?
Ou dans ce lieu d'exil, de deuil, et de misère,
Dois-tu poursuivre encor ton pénible chemin ? (« Invocation »)

L'essentiel étant recherche et initiation au sens de l'amour : l'amour est-il assez fort pour se survivre à lui-même ?

3. Un ferment. Une inspiratrice

Elvire construit le poète. En devenant le mythe d'une œuvre de remémoration, elle préside à son activité scripturaire et donne sens à son inspiration. Mythe, elle est bien ce qui permet de faire entrevoir les dimensions cachées de la sensibilité en une dynamique créatrice :

> Mais les siècles auront passé sur ta poussière,
> Elvire, et tu vivras toujours ! (« À Elvire »)

Et sans doute des poèmes comme « Le Vallon » continuent-ils à être inspirés par celle qui n'est plus et qui demeure. Si Elvire est rayonnante de clarté dans l'au-delà, elle est pour l'écriture même source de lumière. Il est évident, en effet, que l'écriture domine la dispersion ou la séparation ou la rupture par les jeux spéculatifs de l'imaginaire.

> Ta pure et touchante beauté
> Dans les cieux même t'a suivie ;
> Tes yeux, où s'éteignait la vie,
> Rayonnent d'immortalité ! (« Souvenir »)

Elvire est figure de subjectivité, elle donne l'occasion au poète de se donner, de s'écrire. « Je » tire sa substance de cette entité qui organise son espace scripturaire. **Le lac**, par exemple, **est beaucoup plus espace métaphorique qu'espace géographique**. Il est moyen de renouer, il réactive la problématique de l'amour, il est une force de sollicitation.

Mieux encore, elle lui inspire une autofiction. Troublant en effet l'appareil stratégique mis en place dans ce poème « Le Lac » : dans les cinq premières strophes, le poète se réserve l'approche descriptive ou énonciative du récit, puis il crée un effet théâtral par l'émergence d'un « tout à coup » qui annonce la prise de parole qu'effectue Elvire dans une séquence textuelle rapportée de quatre strophes, séquence assortie de cet opérateur citationnel que constituent les guillemets.

> Tout à coup des accents inconnus à la terre
> Du rivage charmé frappèrent les échos...

Le poète se met alors en retrait pour accorder la position haute, dominante à Elvire incarnée dans une voix. Or, au cours de la séquence qui lui est laissée, Elvire se fait plus lamartinienne, plus lyrique que Lamartine ne l'a été dans la phase introductive de son évocation, elle se fait en quelque sorte son rhapsode* (car il faut bien que cette voix qui incarne Elvire soit « sortable », digne de son poète-amant, aussi inspirée que lui !). Elle devient l'autre face d'un Lamartine-Janus qui, spéculairement*, en lui déléguant la parole, se traduit en fait à travers le prisme d'une évocation toute féminine et se dédouane, en abyme, des reproches d'affectation qu'on pourrait lui adresser. « JE est un AUTRE » ! Elvire lui tient lieu de porte-voix, de truchement scripturaire temporaire car, aussitôt, il rebondit, récupère la position haute dans les sept dernières strophes pour mener plus loin la réflexion d'Elvire, la dominer, la couronner, la disqualifier en demandant aux éléments cosmiques de se faire voix commémoratives de leur amour :

> Que le vent qui gémit, le roseau qui soupire,
> Que les parfums légers de ton air embaumé,
> Que tout ce qu'on entend, l'on voit ou l'on respire,
> Tout dise : Ils ont aimé !

Ainsi Lamartine offre-t-il un jeu truqué en se servant d'Elvire dans un discours direct qui authentifie le propos pour dynamiser son écriture, diversifier sa « voix » et assurer la supériorité de sa pensée. Si l'écriture est une manière de surmonter la séparation et de sublimer le désir de communion, cela ne va pas sans quelque rouerie !

À la limite, Elvire est une figure **heuristique* de subjectivité** en ce qu'elle a valeur d'accomplissement, en ce qu'elle est, pour le poète, quête de vérité, source et démarche d'une investigation qui va bien au-delà de la seule aventure passionnelle ou sensuelle précise et particulière avec telle ou telle femme : le ou les expériences du poète s'étendent à l'humanité entière confrontée au désastre du temps et de la mort. Un message est lancé au monde.

V. LE PAYSAGE LAMARTINIEN DANS LES *MÉDITATIONS*

Le paysage participe à l'épistémologie* romantique lamarti-
nienne. Le poète se trouve placé devant une double occurrence :

– D'un côté il existe un ordre naturel imparable (cf., par
   exemple, « L'Hymne au Soleil ») qui offre à l'homme l'image
   rassurante d'une continuité, d'un renouvellement incessant :

> Le temps avec la mort, d'un vol infatigable
> Renouvelle en fuyant ce mobile univers ! (« À Elvire »)

(L'évocation du cheminement vers une décadence et une fin
du monde telle qu'on la trouve dans « L'Immortalité » :

> Les cieux même, les cieux commencent à pâlir ;
> Cet astre dont le temps a caché la naissance,
> Le soleil, comme nous, marche à sa décadence,
> Et dans les cieux déserts les mortels éperdus
> Le chercheront un jour et ne le verront plus !

est chose rare chez Lamartine, inspiré ici par l'Écriture (Livre
de Job, Psaume XXXVI, 10, Apocalypse) et par l'idée
lucrétienne[1] d'une fin des temps. La notion scientifique
d'entropie*, qui rejoint cette notion de dépérissement de
l'énergie dont l'imagination a été dès longtemps hantée, n'était
pas encore née à l'époque).

– De l'autre, un désordre moral et spirituel qui met l'homme
   devant son propre chaos, devant son ignorance métaphysique
   fondamentale. Existe-t-il dans le monde géophysique des
   points d'ancrage aptes à rassurer l'homme ? Conséquemment,
   y a-t-il un devenir de l'être humain ailleurs que dans
   l'Histoire ? Le dieu Pan, régulateur des cycles de la production
   et de la reproduction des phénomènes naturels peut-il aider

---

1. Lucrèce, poète latin (98-55 av. J.-C.) qui donne dans son *De natura rerum* une vision
   matérialiste de l'univers physique : objets et êtres vivants ne sont qu'une
   combinaison d'atomes de matière. Pour que l'âme accède à la paix, il propose de se
   libérer des passions, c'est l'ataraxie*.

l'homme à comprendre ? Le romantique élargit son espace de signification en recherchant le sens de la vie dans la nature.

Le paysage, dans les *Méditations,* s'inscrit dans une perspective **médiatrice et focalisatrice.**

1. Exemples d'éléments emblématiques récurrents

Un principe de sélection organise et ritualise l'univers imaginaire du poète, car chaque poète possède ses plages d'élection non comme « excursus* », mais comme « ailleurs » propice à élargir un Moi en deuil, à récupérer son identité profonde : une géographie de la valeur et de la vérité :

• **L'arbre est un des éléments récurrents de la pensée de Lamartine.** Dans sa verticalité (la verticalité est significative de l'espèce humaine, ne l'oublions pas), il est le noble compagnon protecteur du poète assis « à l'ombre du vieux chêne » (« L'Isolement ») : on remarque ici l'emploi de l'article défini contracté « du » qui implique une présence familière vécue dans une expérience de proximité. Le **chêne** est un arbre noble, royal, majestueux, c'est à lui que le poète se compare dans « Souvenir » :

Je vois mes rapides années
S'accumuler derrière moi,
Comme le chêne autour de soi
Voit tomber ses feuilles fanées.

Dans « L'Immortalité » le **cèdre** est l'image de la force vulnérable :

Tu vois dans ces forêts le cèdre au front superbe
Sous le poids de ses ans tomber, ramper sous l'herbe...

Association fraternelle dans un devenir dramatique.

Il est l'arbre de référence dans « Philosophie » où il permet au poète de mesurer le temps du jour :

Je suis l'ombre qui tourne autour du tronc des chênes

Dans « Le Soir », le **hêtre** manifeste sa présence au poète, sa complicité avec lui :

De ce hêtre au feuillage sombre
J'entends frissonner les rameaux...

L'arbre ainsi tient lieu de témoin et de paradigme* en même temps que de **miroir** puisqu'il permet au poète de faire une lecture de la fugacité de toutes choses et d'affronter son propre destin.

• **Le rocher**, emblème type du romantique à qui il offre un promontoire de solitude et d'isolement :

Assis sur ces rochers déserts (« Le Soir »)

Le rocher, cher à Ossian, est en effet le lieu de solitude par excellence, l'endroit limite, l'endroit extrême approprié à la méditation en « surplomb ». Les psychanalystes voient dans ce désir de domination un « complexe spectaculaire ». Lieu sauvage qui permet en effet de **prendre posture, de s'affirmer dans l'îlot d'un Je qui s'écarte des psychologies connues**. Lieu de pose, lieu d'originalité en rupture de conformité. Lieu de rejet aussi tant il est vrai que le romantique a besoin des situations extrêmes pour répandre ses larmes et se donner en spectacle dans une hypertrophie* de la sensibilité.

À M. de Châtillon, Lamartine écrit :

Au pied de ton rocher sauvage,
Ami, je reviendrai souvent
Rattacher, vers le soir, ma barque à ton rivage. (« La Retraite »)

Et dans « Adieu », il se voit « pilote octogénaire » contemplant son passé :

Du haut d'un rocher solitaire

Retenons cette phrase de Bachelard : « La moindre colline, pour qui prend ses rêves dans la nature, est inspirée[1] ».

• **L'eau, « source » focalisante.** Lamartine est un poète de l'eau. Son imagerie le ramène constamment à la métaphore de l'esquif, de la source (« la source de mes jours »), de l'ancre. La vie est comme

---

1. Bachelard, *La Terre et les Rêveries de la volonté*, Corti, 1948, p. 384.

une eau sur quoi nous sommes embarqués (cf. « À Elvire »). Deux images :

– Celle de l'eau qui coule et qui court, du fleuve qui se perd dans la mer : image emblématique de la fluidité, de la vanité des choses de ce monde, du flux imparable du temps :

> Là, deux ruisseaux cachés sous des ponts de verdure,
> Tracent en serpentant les contours du vallon ;
> Ils mêlent un moment leur onde et leur murmure,
> Et non loin de leur source ils se perdent sans nom.
> La source de mes jours comme eux s'est écoulée,
> Elle a passé sans bruit, sans nom et sans retour :
> Mais leur onde est limpide, et mon âme troublée
> N'aura pas réfléchi les clartés d'un beau jour. (« Le Vallon »)

Vers intéressants en ce qui concerne la problématique de l'eau puisque l'assimilation de l'homme à l'eau qui coule n'est que partielle : tout est soumis au temps, mais le poète entre, lui, dans un processus tragique en prenant conscience de sa destinée (il est « un roseau pensant », disait Pascal) et de celle des hommes en général par rapport à une « eau limpide », c'est-à-dire pure, c'est-à-dire encore lustrale* et purificatrice en regard de la misère du poète (« âme troublée »). Dans « Le Golfe de Baya » l'image de la barque paisible aboutit à une méditation sur la fragilité de la vie.

L'eau lui permet de dire son angoisse existentielle, d'établir un transfert de l'espace du dehors à l'espace du dedans et de recueillir fraîcheur et apaisement : double libération.

La rêverie qu'elle suscite ailleurs (cf. « Philosophie ») est oubli du poids des jours qui passent :

> Moi, parmi les pasteurs, assis aux bords de l'onde,
> Je suis d'un œil rêveur les barques sur les eaux...

– Celle du lac propice à l'isolement, asile de méditation : il tient lieu lui aussi d'élément focalisateur, avec sa stabilité, mais aussi ses tempêtes, ses violences : « Tu mugissais ainsi ». Il est **miroir** d'un passé à la fois heureux et douloureux. Il entre dans le mouvement esthétique de la mimesis* puisque le poète n'est jamais aussi inspiré et mélodieux que lorsqu'il s'écrie : « Ô poétique mer » (« Ressouvenir du lac Léman ») et que son âme parle dans une fluidité d'eau fraîche. Nous emprunterons à ce poème ajouté à l'édition de 1849 « Ressouvenir du lac Léman », l'image du cygne auquel le poète s'identifie :

Pour moi cygne d'hiver égaré sur tes plages,
Qui retourne affronter son ciel chargé d'orages...

Cette assimilation métaphorique est élargissement du sens et le poète romantique prend conscience de lui-même sous le regard de la subjectivité, de la rêverie, car, au fond, c'est bien d'un « cygne d'hiver » dont il est question dès le début de l'ouvrage, image négative qu'il faut saisir dans son sens prospectif, vue d'un imaginaire constamment en recherches, en mouvement, en « méditation ». En **crise.**

Ces divers éléments sont comme autant de défenses contre les intrusions du monde. Ils préparent et soutiennent la rêverie. (On aura intérêt à compléter cette étude par la lecture des pages que Jean-Pierre Richard consacre à « l'archétype de l'objet intime... **le vallon**[1] ».)

2.   Le paysage : un cadre et un état d'âme

Par rapport aux paysages d'un réalisme familier, précis et coloré brossés dans les *Harmonies* ou dans *Jocelyn* (avec, par exemple, l'évocation bucolique* et virgilienne des laboureurs), ceux des *Méditations* sont indéterminés, spiritualisés, réduits le plus souvent à des énumérations très générales, avec une palette pauvre, c'est « la montagne », « la plaine », « le fleuve », « le lac » (« L'Isolement ») ; « l'étroit sentier de l'obscure vallée », « les contours du

---

1. Jean-Pierre Richard, *Études sur le romantisme*, « Lamartine », Seuil, « Essais », p. 153-170.

vallon » (« Le Vallon ») ; « Je suis d'un pas rêveur le sentier solitaire » (« L'Automne »). Le poète aime introduire des effets de proximité qui n'ont aucune valeur d'information toponymique ou topographique : « **ces** monts couronnés de bois sombres » (« L'Isolement ») ; « Du flanc de **ces** coteaux pendent des bois épais » (« Le Vallon »), etc. Cette absence de pittoresque est le fait des lyriques du XVIIIe siècle dont Lamartine est imprégné. Un **Delille** (1738-1813) par exemple, dont la mort parut un deuil national, est incapable de rendre la nature dans ses formes et ses couleurs. Jugeons-en par ce court extrait de *L'Homme des champs*, tissé de ces périphrases d'origine précieuse qu'on prenait pour des élégances et qui s'essayent ici à transcrire la mer de glace :

> De neiges, de glaçons entassements énormes,
> Du temple des frimas colonnades informes,
> Prismes éblouissants dont les pans azurés,
> Défiant le soleil dont ils sont colorés,
> Peignent de pourpre et d'or leur éclatante masse,
> Tandis que, triomphant sur son trône de glace,
> L'hiver s'enorgueillit de voir l'astre du jour
> Embellir son palais et décorer sa cour.

Les origines littéraire du paysage lamartinien sont essentiellement à chercher chez Ossian (brumes, lune…). En effet, ce paysage est mis en valeur par une lumière, des reflets marquant l'échange qui s'établit entre le monde intérieur et le monde extérieur, une atmosphère appropriée à l'émotion. Les moments privilégiés sont les crépuscules, du matin ou du soir. « L'Isolement » se situe « au coucher du soleil », de même « Le Soir » : « Vénus se lève à l'horizon ». Dans « Le Golfe de Baya » :

> Le soleil a cédé l'empire
> À la pâle reine des nuits…

Dans « Hymne au soleil » :

> Je veux voir le soleil s'élever lentement,
> Précipiter son char du haut de nos montagnes…

Moments incertains des limites, de l'ambiguïté des formes, avec un goût privilégié pour les paysages nocturnes où les contours se dissolvent jusqu'à créer un monde de rêve, flottant, poussant l'irréalité à son plus haut degré, jusqu'au symbole. Une douceur et une confraternité aussi :

La nature est là qui t'invite et qui t'aime (« Le Vallon »)

Le poète ne peut se révéler qu'au contact des moments d'exception que la nature lui offre :

C'est l'heure où la nature un moment recueillie... (« La Prière »)

Il tire donc des effets réflexifs tout autant qu'esthétiques de ses évocations. Il pose le décor de sa vie intime dans une irisation transfigurante.

3. Paysage médiateur

Le romantique essaie d'élargir son espace de signification en recherchant dans les éléments que lui offre l'univers un sens, « le » sens. Or le paysage lamartinien rappelle souvent un amour qui n'est plus. La nature est-elle neutre ? Indifférente ?

Lamartine est de ceux pour qui **tout paysage est médiateur de « méditation »**. Dès lors, un principe de sélection organise l'univers fictionnel du poète qui cherche dans des paysages d'exception une réponse à son angoisse existentielle :

J'ai cru que la nature en ces rares spectacles
Laissait tomber pour nous quelqu'un de ces oracles (« L'Homme »)

qui, confronté à une diversité dans l'étendue de la nature, pose son Moi, ses limites, son unicité de destin selon le principe de non-coïncidence et d'étrangeté proprement romantique :

Je parcours tous les points de l'immense étendue
Et je dis : Nulle part le bonheur ne m'attend. (« L'Isolement »)

ou qui pose un paysage transitif mettant directement le poète en connexion avec la méditation qu'il se propose de développer, sorte de lever de rideau métaphorique pour introduire le propos dans sa théâtralité, lui donner sa couleur et lui tenir lieu de tremplin :

Le soleil de nos jours pâlit dès son aurore,
Sur nos fronts languissants à peine il jette encore
Quelques rayons tremblants qui combattent la nuit ;
L'ombre croît, le jour meurt, tout s'efface et tout fuit !
(« L'Immortalité »)

Le paysage a alors valeur de révélation. Le monde ne serait-il pas un « **miroir** » ?

De tes perfections, qu'il cherche à concevoir,
Ce monde est le reflet, l'image, le miroir (« L'Immortalité »)

Pour Lamartine, tout est appel herméneutique* de déchiffrement, tout est blessure et manque. C'est parce qu'il sent, c'est parce qu'il sait que l'homme ne peut se constituer en totalité qu'il cherche hors de lui une complétude pour tenter de rentrer dans l'unité de son être, de se « récupérer ». Or, le paysage (et la « nature » en général) pose le rapport de l'être humain avec Dieu et avec le problème ontologique* du destin.

La nature serait écriture divine, image qui n'est pas neuve et que reprendra plus tard avec talent Claudel :

La nature, sortant des mains du Créateur,
Étalait en tous sens le nom de son auteur (« Dieu »)

Une présence au monde déchiffrée à travers les « hiéroglyphes » (terme qui sera cher à Baudelaire) de la création, à travers l'ordre des phénomènes physiques ramené à une intelligibilité supérieure.

Toutefois, gardons-nous de faire de Lamartine un panthéiste : le panthéiste croit que Dieu est la somme de tout ce qui existe. Pour Lamartine, Dieu ne se confond pas plus avec le monde que l'âme avec le corps qu'elle anime. La nature est lieu de la présence divine mais Dieu ne se réduit pas à la nature.

VI. LES INQUIÉTUDES PHILOSOPHIQUES ET RELIGIEUSES DE LAMARTINE

Elles ont été déjà largement évoquées dans les pages qui précèdent.

Lamartine a eu une enfance chrétienne sous la houlette d'une mère pieuse et des prêtres qui ont aidé à sa formation intellectuelle. Il a été marqué d'autre part par l'influence déiste du XVIIIe siècle et par un fort scepticisme que ses aventures amoureuses ne peuvent qu'entretenir. Qu'est-il advenu de ce mixage ?

Une certitude : Lamartine est ce qu'on appelle un esprit religieux. Il est marqué en outre par la maladie et la mort de Julie Charles : les *Méditations* sont écrites au moment d'une crise existentielle, devant le gouffre que représente la mort d'un être cher.

1. Éros et Thanatos[1]

La réponse de Lamartine à la mort, la première de ses espérances, c'est de pouvoir « correspondre » avec celle qui n'est plus, de la retrouver quelque part, de lui conférer ou d'espérer pour elle une immortalité dans une communion *post mortem*. Vague religiosité qui passe par maintes intermittences et hésitations. Éros ne veut pas mourir et se donne les moyens de se survivre dans un vague ciel sentimental à l'horizon d'une présence. L'intuition est bien au centre de la vie religieuse du poète pour compenser le vide laissé par l'absence, sans tenir compte des institutions spirituelles dans leurs dogmes et leurs rites. Le drame du temps qui efface tout est là, omniprésent, auquel il faudrait remédier :

---

1. Dans les mythes cosmogoniques* grecs, Éros représente la force du désir assurant la reproduction de l'espèce. Plus tard il devint divinité de l'amour. Thanatos, lui, est le dieu de la mort drapé dans un manteau noir.

Ainsi tout change, ainsi tout passe ;
Ainsi nous-mêmes nous passons,
Hélas ! sans laisser plus de trace
Que cette barque où nous glissons
Sur cette mer où tout s'efface. (« Le Golfe de Baya »)

L'espérance artificielle mise en place par le poète est loin, du reste, d'être la médiation absolue. L'art ne serait-il pas le meilleur garant de l'immortalité ? Dans « À Elvire », reprenant une idée qui n'est pas neuve, il déclare que l'artiste peut seul conférer une immortalité, immortalité inscrite dans le temps mondain de l'Histoire empirique*, temps de la monumentalisation terrestre et de la commémoration :

Beauté, présent d'un jour que le ciel nous envie,
Ainsi vous tomberez, si la main du génie
Ne vous rend l'immortalité !

L'être humain n'est, ni plus ni moins, qu'un des éléments périssables de la nature, il sombre dans le silence et dans l'oubli si l'artiste ne s'en mêle.

Sinon « l'ailleurs » lamartinien se situe dans l'évanescence avec des « peut-être » :

Mais peut-être au-delà des bornes de sa sphère,
Lieux où le vrai soleil éclaire d'autres cieux,
Si je pouvais laisser ma dépouille à la terre,
Ce que j'ai tant rêvé paraîtrait à mes yeux ? (« L'Isolement »)

Le poème « Le Soir » fait état d'une présence confuse, voilée, fugitive, saisie par la sensation, le cœur plus que par l'intelligence. Tout s'égrène dans une forme de silence, de saisie impalpable des choses, d'une essence : un trouble qui traverse l'âme et que l'écriture effleure à peine.

Ces instants privilégiés se produisent loin du monde et de ses « divertissements » (pour reprendre un terme pascalien). Pour isoler une icône, il faut le retrait, l'isolement :

Le bruit lointain du monde expire en arrivant (« Le Vallon »)

L'amour seul est resté : comme une grande image
Surgit seul au réveil dans un songe effacé (« Le Vallon »)

Le poète se met en situation de réceptivité et compose une nouvelle Trinité : amour – nature – Dieu. En somme, il y aurait une misère de l'homme sans... la nature !

« Le Lac » est construit sur le mode optatif* dans le désir d'un message des choses pérennisant* le souvenir d'un amour entrant ainsi dans un rituel commémoratif.

L'amour sublimé participe ainsi à une recherche du sens, à une descente dans les profondeurs de l'ontologie* personnelle, à un élargissement de l'être dans et par la souffrance d'une blessure.

2. « L'homme est un dieu tombé qui se souvient des cieux » (« L'Homme »)

a. Le mur de l'ignorance

Ce vers que nous extrayons de « L'Homme » rejoint une réflexion où Pascal déclare que l'homme garde la nostalgie de sa vraie nature et porte les vestiges de son état premier : « L'homme est tombé de son vrai lieu... il le cherche partout[1]. »

Lamartine se heurte au mystère de l'inconnaissable. Il est saisi par l'orgueil adamique du savoir face à un Dieu caché :

Vere tu es Deus absconditus[2]

Dans l'hommage à Byron que constitue « L'Homme », la vision qu'a Lamartine de la condition misérable de l'homme est très partielle si on la compare au dogme du péché originel institué par la religion chrétienne et passé sous silence par le poète ; elle se réduit à la dépendance et à l'ignorance pour aboutir, après cette période de « libido sciendi » (= appétit du savoir) à la résignation.

---

1. Pascal, *Pensées*, Lafuma 397.
2. « En vérité, tu es un Dieu caché », Isaïe, XLV, 15.

Toutefois, Lamartine a le sens de la caducité des choses, de leur nature « périssable » (selon une épithète très pascalienne), d'où une angoisse, un incessant questionnement, des oscillations discursives, l'inventaire des différentes spéculations philosophiques qui ont traversé l'humanité avant le christianisme, toutes vouées à l'échec (cf. « L'Homme »). Pour accentuer la portée de son cri, échapper au dogmatisme, dynamiser le pacte de lecture qu'il propose et enfin s'imposer dans la maîtrise d'un Je qui s'affirme dans sa valeur originale, il s'invente des interlocuteurs fictifs :

>   Qu'un autre à cet aspect frissonne et s'attendrisse...
>   ....
> *moi*   Je te salue, ô mort !... (« L'Immortalité »)

C'est que la question est grave face à une disproportion entre la grandeur de Dieu et la misère de l'homme. L'originalité de l'auteur ou, à tout le moins, son mérite, tient au fait qu'il détecte de la grandeur en l'homme qui connaît ses limites :

> Moi seul, te découvrant sous la nécessité,
> J'immole avec amour ma propre volonté... (« L'Homme »)

b. La nature, miroir de Dieu

Il est des moments de grâce qui mettent en relation avec le Mystère, des heures où la configuration du paysage, la lumière, les couleurs, les contours prennent un sens caché, en un mot, un empirisme* du sensible. Ainsi évoquant le coucher du soleil, « Le roi brillant du jour », Lamartine écrit-il au début de « La Prière » :

> C'est l'heure où la nature, un moment recueillie,
> Entre la nuit qui tombe et le jour qui s'enfuit,
> S'élève au Créateur du jour et de la nuit,
> Et semble offrir à Dieu, dans son brillant langage,
> De la création le magnifique hommage.

Le « langage » de Dieu, l'écriture de Dieu, un univers orienté à seule fin d'offrir aux hommes une lecture de sa grandeur. Un miroir du grand Livre :

L'univers tout entier **réfléchit** ton image
Et mon âme à son tour **réfléchit** l'univers
....
Ainsi l'astre du jour éclate dans les cieux,
Se réfléchit dans l'onde et se peint à mes yeux. (« La Prière »)

Même idée récurrente dans « Dieu » :

Ce Dieu que l'univers révèle à la raison

ou dans « L'Hymne au Soleil » :

Dieu ! que les airs sont doux ! Que la lumière est pure !
Tu règnes en vainqueur sur toute la nature

De secrètes, subtiles correspondances sont ainsi établies entre l'homme et Dieu dans une exigence herméneutique* de déchiffrement de la nature. Joie, élan parcourent le poème « La Prière » comme si le poète voulait se conforter dans son désir de croire et d'espérer. Spiritualité esthétique autant qu'épistémologique*.

Visible et invisible, immanence* et transcendance* sont donc reliés. Une lecture de la sensibilité est à faire, qui donne des clés intuitives. Le « Dieu caché » encourage à la foi par le biais d'une lecture de l'univers. Celui qui se cache est Celui qui se montre pour engager l'homme à lui faire confiance comme dans le Livre de Job qui inspire souvent Lamartine :

Regarde qui je suis et marche sans murmure,
Comme fait la nature
Sur la foi de son Dieu. (« La Providence à l'homme »)

En effet, en réponse au poème « Le Désespoir » où il est reproché à Dieu d'avoir raté sa création et de s'être, par là même, désintéressé de l'homme (curieuse idée de Dieu qu'un Dieu qui rate son œuvre !), Lamartine oppose son poème « La Providence à l'homme » où Dieu répond à une quête d'intelligibilité en demandant à l'homme de faire silence (« marche sans murmure ») dans un face à face avec lui, silence qui serait de l'ordre de l'émerveillement.

c. Lamartine et le christianisme

En fait de quête d'intelligibilité, on remarque que Lamartine ne se réfère pas (ou si peu !) au Christ. En cela, il a bien retenu les leçons des philosophes des Lumières qui évincent le Christ comme preuve immanente* et transcendante* de l'existence de Dieu.

Le chrétien est celui qui croit en une Personne envoyée de Dieu pour sauver le monde, il croit à son enseignement qu'il est appelé à déchiffrer en une quête herméneutique*, à « méditer », à approfondir et à suivre, à cette offre d'amour qu'il doit rendre en partage à ses frères. Cela l'engage beaucoup plus qu'une vague croyance en Dieu, concept qu'on manipule à tous vents, qu'on prend et qu'on laisse au gré de ses besoins.

Au XVIIe siècle, Pascal, homme de sciences et croyant, cherche à fonder sa foi en raison (tout en soulignant les limites étroites de celle-ci : « Le cœur a ses raisons que la raison ne connaît pas ») ; il se réfère en conséquence à ce qui fait preuve : l'Écriture qui est gage et témoignage dans sa cohérence unitaire et le Christ. Quelques années plus tard, le moraliste chrétien La Bruyère parlant des raisons qu'il a de croire dans son chapitre des *Caractères* intitulé « Des esprits forts » abandonne, lui, toute christologie* comme si se préparait déjà le courant de pensée des philosophes.

Lamartine, en dépit de sa formation, fait généralement de même. Dans les *Méditations*, on ne trouve que deux timides allusions au Christ, dans « La Semaine Sainte à La Roche-Guyon » :

Que ma raison se taise, et que mon cœur adore !
La croix à mes regards révèle un nouveau jour ;
Aux pieds d'un Dieu mourant puis-je douter encore ?
Non, l'amour m'explique l'amour !

et dans « Dieu » :

> Ce Dieu que l'univers révèle à la raison,
> Que la justice attend, que l'infortune espère,
> Et que le Christ enfin vint montrer à la terre !

Deux allusions où le poète se trouve sous l'influence, dans le premier exemple, de son ami le duc de Rohan-Chabot avec qui il assiste aux offices de la Semaine Sainte et à qui, à son habitude, il cherche à faire plaisir en lui dédiant un poème selon ses vœux, dans le second, de Lamennais. On soulignera que dans les deux cas, il est fait allusion à la raison, comme si le poète ne pouvait s'arracher à l'élément qui brime sa croyance, cette raison dont pourtant il souligne la précarité dans « La Foi » :

> Cette raison superbe, insuffisant flambeau

Dieu est invoqué comme compensation aux injustices de ce monde, et sans doute faut-il voir dans l'expression « que l'infortune espère » une allusion à l'attente du poète après la mort d'Elvire.

Quant à l'Écriture, elle est souvent convoquée par le poète plus comme référent pourvoyeur d'images que comme témoignage profond. Ainsi les « Chants lyriques de Saül » sont-ils une sorte de patchwork d'une multitude de Psaumes, une recomposition, tandis que Le Livre de Job inspire plusieurs poèmes, en particulier « La Poésie sacrée ». Rien d'étonnant à ce qu'un romantique soit fasciné par Le Livre de Job où s'exprime, dans une hypertrophie extrême, la misère de l'homme : « L'homme qui n'est que pourriture, et le fils de l'homme qui n'est qu'un ver[1]. »

Job donne au poète l'occasion de pleurer sur la misère de sa condition, de verser des larmes et de crier à l'injustice. Mais **Lamartine n'a pas le sens du péché comme fondement du mal et de la corruption universelle.** Pas de torture morale dans ses *Méditations* alors qu'il a vécu un amour adultère avec Julie Charles

---

1. Bible, Livre de Job, XXV, 6.

(transformée en « ange », il est vrai) et que dans le temps même où il fréquente le pieux duc de Rohan, futur évêque d'Auch, il connaît une aventure très sensuelle avec la belle Italienne Léna de Larche. N'oublions pas, en effet, la tout autre profession de foi de cette même année 1819 où il s'affirme dans une détermination hédoniste* qui concerne son aventure avec Léna de Larche :

> Ce dernier souffle de ma vie !
> Je veux le garder pour aimer. (« L'Enthousiasme »)

Il rejette les censures : pas trace de combats de conscience chez lui. Seulement une rapide allusion à son indignité dans « La Semaine Sainte à La Roche-Guyon » :

> Ah ! laissez-moi mêler mon hymne à vos louanges !
> Que mon encens souillé monte avec votre encens.

Mais est-ce très profond ou de circonstance ? Et « souillé » par quoi ? Ne serait-ce pas uniquement par son scepticisme ? N'a-t-on pas l'impression que Lamartine connaît des vérités successives au gré des occurrences et des rencontres ?

D'une façon générale, il se plaint des épreuves qui l'affligent, proteste contre le mal et comprend seulement qu'à un certain moment la raison doit s'humilier :

> Mais le monde à l'orgueil est un livre fermé ! (« L'Homme »)

Lamartine a assurément souffert de ne pouvoir se donner sans partage à la foi de sa jeunesse, d'être encombré de trop de scepticisme, d'être la victime des siècles rouillés, de ne pouvoir adorer que… de loin :

> J'adore aussi de loin, sur le seuil de son temple,
> Le Dieu qui vous donne la paix. (« La Semaine Sainte à La Roche-Guyon »)

de ne pas recevoir cette paix intérieure conférée aux croyants.

Il a la nostalgie des temps primitifs adamiques, sorte d'âge d'or où l'on vivait dans la fraîcheur d'un monde inaugural et dans la spontanéité du cœur sans les méfaits de la connaissance :

Les siècles en passant firent pâlir la foi ;
L'homme plaça le doute entre le monde et toi (« Dieu »)

et il demande à **Dieu** de réveiller le monde, de le sortir de sa torpeur décadente :

Le spectacle est usé, l'homme engourdi s'endort (« Dieu »)
Pour croire, il lui faudrait de nouveaux miracles.
À nos yeux assoupis il faut d'autres spectacles !
À nos esprits flottants il faut d'autres miracles ! (« Dieu »)

VII. BILAN

Il faut lire bien vite les *Méditations* pour y voir une œuvre catholique comme on le fit en 1820 à cause de l'origine de l'auteur. Amour et religion interfèrent en raison de son aventure d'Aix : l'amour est lié à l'idéal. La conversion de Julie à sa mort exerce un rôle important sur la façon de sentir du poète : il voudrait croire pour sauver son amour. C'est alors qu'il rencontre Lamennais et fréquente le milieu catholique légitimiste*.

Les *Méditations* sont une œuvre où se manifestent les tiraillements d'un poète inquiet, traversé de doutes, d'incroyance jusqu'aux blasphèmes frénétiques, d'appels angoissés. Le néant ne serait-il pas la seule réalité ? Le vide ? L'abîme ?

En fait son désir de Dieu prouverait à ses yeux la réalité de Dieu, ce désir serait une manifestation évidente du travail de l'esprit divin en lui. Hostile au dogme qu'il n'a pas le souci d'approfondir, Lamartine écoute les révélations de son cœur, un déisme à tonalité sentimentale avec la nature comme référent et qui loue Dieu par son existence. Le sens religieux est une lutte pour traduire la vie spirituelle.

L'ŒUVRE À L'EXAMEN

I.   L'ŒUVRE À L'ÉCRIT

1.   Un exemple de dissertation littéraire

Sujet : « Lamartine est un poète du XVIIIe siècle avec du génie par surcroît ». Commentez ce propos d'Henri Guillemin en vous appuyant sur les premières *Méditations*.

INTRODUCTION

Faut-il rappeler que Lamartine est un poète dont tout le monde connaît le nom, qui figure dans toutes les anthologies mais à propos de qui la désaffection est grande. Pourquoi ce paradoxe ?

Ne serait-ce pas la langue conventionnelle, encombrée de rhéto-rique, l'absence de surprise dans l'expression de la pensée qui condamneraient Lamartine ? Comme le dit Guillemin, un homme du passé, d'un passé qui ne se distingue pas par la qualité de sa poésie ? Mais alors, pourquoi garder ce poète dans les archives du savoir sinon parce qu'on a su reconnaître en lui quelque génie.

DÉVELOPPEMENT

1. UN POÈTE DU XVIIIe SIÈCLE

a. Dans la forme

La poésie renvoie pour une part chez Lamartine à un usage sophistiqué de l'écriture, à des usages convenus. Il sera donc bon de rechercher des exemples de toutes les expressions que l'on concevait comme nobles aux siècles précédents et qui encombrent sa langue. « L'océan des âges » ou le « Ô temps, suspends ton vol » sont des réminiscences de « L'Ode au Temps » (1762) du poète Léonard Thomas. Les « aquilons », les « zéphyrs », le « flambeau de l'espérance » (« La Providence à l'homme »), « la céleste flamme du soleil » (« Souvenir »), « l'aigle du tonnerre », désignant l'aigle de Zeus dans « L'Enthousiasme », le soleil « le roi brillant du jour » dans « La Prière », sont comme autant de **clichés**. Cet abus des périphrases désire atteindre un idéal en évitant la vulgarité du mot cru, de la « chose » immanente, « basse » qu'il faut racheter par des détours. Ainsi la pensée est-elle soumise à une beauté stéréotypée, à une esthétique générale qui conditionne le beau en dehors de toute spontanéité et conduit à la répétitivité.

Le style attique propre aux philosophes et aux poètes du XVIIIe siècle, c'est-à-dire un style concis, mesuré et structuré, imprègne le développement didactique, méthodologique de nombre de poèmes des *Méditations,* en particulier les poèmes philosophiques.

b. Dans la prosodie*

De nombreux poèmes usent d'un rythme convenu, d'un mètre sans surprise : quatrains d'octosyllabes à rimes embrassées dans « Souvenir », odes aux strophes très sages de 10 vers octosyllabiques (« Ode », « L'Enthousiasme », « Ode sur la naissance du duc de Bordeaux », « Le Génie »), alexandrins à rimes plates pour les poèmes les plus philosophiques (« L'Homme », « La Prière », « Philosophie », « Dieu »). La composition est généralement sage, de type traditionnel quand il s'agit de discours en vers.

c. Dans le fonds

Lamartine ne peut se déprendre de la suprématie des normes rationnelles qu'ont imposées les Lumières, du goût du plaisir hédoniste*, d'un certain matérialisme qui sont les marques du XVIIIe siècle, d'où ses tiraillements intérieurs dans une société qui change et revient à d'autres approches du spirituel. La poésie lyrique peut-elle être une voie d'approche de la vérité ? Ce qui imprègne les *Méditations* :

• La hantise du néant : le poète a peur de ce néant qui, à ses yeux, risque de tout engloutir :

> Le tombeau qui l'attend l'engloutit tout entière,
> Un silence éternel succède à ses amours (« À Elvire »)

> Ainsi tout change, ainsi tout passe ;
> Ainsi nous-mêmes nous passons,
> Hélas ! sans laisser plus de trace
> Que cette barque où nous glissons
> Sur cette mer où tout s'efface. (« Le golfe de Baya »)

Souvent il parle en athée ou, au mieux, il s'interroge :

> Est-ce pour le néant que les êtres sont nés ? (« L'Immortalité »)

• Le déisme du poète qui, lorsqu'il ne se manifeste pas dans une forme d'athéisme, croit au Dieu de Voltaire, grand horloger, qui a donné au monde la première pulsion et qui, ensuite, s'est détourné des hommes sans pitié ni amour :

> De son œuvre imparfaite il détourna sa face,
> Et d'un pied dédaigneux le lançant dans l'espace,
> Rentra dans son repos. (« Le Désespoir »)

Voilà le Dieu des géomètres et des savants.

• L'hédonisme* : quand on ne croit plus à un Dieu qui impose des devoirs, l'être humain se livre à sa propre liberté, sauvage, passionnée. Il cherche à se saisir du temps qui passe (le fameux « carpe diem » du poète Horace que nous avons déjà évoqué), sans vaine gloire :

> La gloire est le rêve d'une ombre ;
> Elle a trop retranché le nombre
> Des jours qu'elle devait charmer.
> Tu veux que je lui sacrifie
> Ce dernier souffle de ma vie !
> Je veux le garder pour aimer[1]. (« L'Enthousiasme »)

---

1. Il s'agit d'aimer Léna de Larche.

Nous l'avons évoqué, le dieu de Lamartine, c'est l'amour dans sa composante humaine :

C'est le souffle divin dont tout homme est formé,
Il ne s'éteint qu'avec son âme. (« La Retraite »)

• **Une sagesse** marquée au sceau du bonheur simple et tranquille :

Au milieu de ce grand nuage,
Réponds-moi : que fera le sage
Toujours entre le doute et l'erreur combattu ?
Content du peu de jours qu'il saisit au passage,
Il se hâte d'en faire usage
Pour le bonheur et la vertu. (« La Retraite »)

ou encore, dans « Philosophie » :

Et si l'art d'être heureux n'est pas tout l'art de vivre.

• **Un certain sensualisme** : Lamartine a besoin de voir pour croire, le soleil est à ses yeux le symbole de la vie, la nature est garante d'une divinité qui n'offre pas d'autres prises et n'a pas d'exigence :

Je te vois en tous lieux conserver et produire (« La Prière »)

Et lorsqu'il constate l'insuffisance de la raison (« insuffisant flambeau »), c'est au soleil qu'il s'adresse pour l'aider à croire à un absolu. Lamartine n'intériorise pas la lumière, c'est le soleil, d'une façon toute païenne, qui lui en donne l'idée. Un peu comme la statue de Condillac, son adhésion à Dieu s'établit en fonction des signaux reçus de l'environnement.

• **Le conventionnel** des poèmes-épitres où le poète se prête avec complaisance à des remerciements convenus à l'égard de ceux qui lui ont accordé l'hospitalité ; il les flatte en feignant d'épouser de façon protéiforme* leurs convictions : il se fait sceptique avec M. de Châtillon (« La Retraite ») ou avec M. de la Maisonfort (« Philosophie »), pour le légitimiste M. de Bonald il développe un enthousiasme monarchiste, qu'il reniera plus tard (« Le Génie »), il reprend les thèses de Lamennais dans le poème qu'il lui dédie : « Dieu ». En Lamartine, il y a du poète de cour.

2. LA MARQUE DU GÉNIE

Un terme bien vague et passe-partout que ce terme de « génie » à quoi se rattache l'idée d'ingéniosité et sans doute, dans le cas présent, d'originalité ! Voici qui nous ramène à la question suivante : en d'autres termes, en quoi les *Méditations* méritent-elles de figurer dans nos anthologies ?

• Cheminement vers le **symbolisme** :

– Symbolisme dans l'expression des sentiments : traduction grelottante, des intuitions, impression de grâces à saisir avec des « peut-être », des « je crois », des « on dirait » : cf. « Le Soir ». Ce qui échappe à la raison. Avec des effarements :

Ô dernier songe de l'amour ! (« Souvenir »)

Ô lac ! l'année à peine a fini sa carrière (« Le Lac »)

des sentiments vagues, dépouillés de tout contour précis :

D'ici je vois la vie, à travers un nuage,
S'évanouir pour moi dans l'ombre du passé... (« Le Vallon »)

– **Le goût de la rêverie**, des « regards voilés » (« L'Automne »), de l'abandon à l'immédiateté de la sensation qui rappellent et Virgile et Rousseau, comme dans « Philosophie » :

Moi, parmi les pasteurs, assis aux bords de l'onde,
Je suis d'un œil rêveur les barques sur les eaux ;
J'écoute les soupirs du vent dans les roseaux ;
Nonchalamment couché près du lit des fontaines,
Je suis l'ombre qui tourne autour du tronc des chênes

– **Le goût du mythe sacralisé** : Elvire (cf. la partie réservée à Elvire). Ce sont les normes de l'espace mental et de l'individualisme qui désormais prévalent.

• **Le goût des spéculations cosmomorphiques*** : Lamartine ouvre de nouvelles voies à la poésie philosophique. Lorsqu'il parle de la mort, du temps, de l'univers, du soleil, de Dieu, il transcrit la grande et douloureuse misère de l'homme qui cherche éperdument un sens, il transcrit le drame de l'humaine condition. Déjà se dessine son grand projet d'épopée où il eût raconté les principales phases de l'histoire du monde et qu'il ne paracheva pas mais dont deux épisodes : *Jocelyn* et *La Chute d'un Ange* nous sont restés. Vigny lui emboîtera le pas avec ses *Destinées* et Hugo avec *La Légende des Siècles*.

• **L'aventure intérieure** :

– L'épreuve du feu, d'une descente aux enfers : la plupart des poèmes des *Méditations* expriment une blessure et de l'âme et du corps, un Je torturé qui se débat avec des croyances et des désirs contradictoires.

Le poète essaie de s'insérer dans l'univers avec le plus intime de son être, il essaie de faire d'autres expériences où le cœur aurait beaucoup plus de place que la raison. Ces voies d'approche de la vérité, inscrite dans un recherche plurielle et dans l'indécision n'ont plus rien à voir avec le monolithisme intransigeant et sectaire des philosophes. Le romantique se met en recherche, il est l'homme de l'inquiétude, de l'appel de sens, de la quête d'inspiration métaphysique. Il est un être de désir et de sentiment.

– Le deuil de soi : le romantique, explorant son espace intérieur, se met en deuil, il ne peut s'épanouir vraiment et paradoxalement que dans les larmes, le dépérissement, le vieillissement, la langueur (cf. plus haut, dans notre étude, ce qui concerne ce deuil à propos de Lamartine). Le mal-être existentiel est ouverture à la transcendance.

• **L'aventure scripturaire :**

Nous avons eu l'occasion de remarquer combien dans « L'Homme » en saluant Byron ou dans un poème comme « L'Enthousiasme », Lamartine avait senti à quel espace vital la nouvelle poésie, libérée des entraves et sensible à la « lave » intérieure de l'imaginaire, était désormais appelée. On trouve chez lui des traces, encore timides, de dissonances. On trouve chez lui, en face du style attique que nous évoquions plus haut, des traces « d'asianisme », c'est-à-dire d'un style qui ne craint pas les effets, la démesure, les emportements, parfois à plusieurs voix, les injonctions théâtrales :

> Réveille-nous, grand Dieu ! Parle et change le monde ;
> Fais entendre au néant ta parole féconde,
> Il est temps ! lève-toi ! sors de ce long repos ;
> Tire un autre univers de cet autre chaos. (« Dieu »)

• Le fantastique (cf. « La Poésie sacrée »), sans compter quelques dérapages mimétiques dans la prosodie* (cf. « Le Lac » ou « L'Hymne au Soleil »).

Par-delà certaines rigueurs de métronome, il faut voir la diversité dans le ton, dans l'agencement des strophes, des rimes (cf. « Hymne au soleil », explication ci-dessous) des poèmes de Lamartine., Comment les blancs entre les strophes diversifient la pensée.

Sans compter tout ce que peut avoir d'ineffable la musique lamartinienne :

> Je voudrais maintenant vider jusqu'à la lie
> Ce calice mêlé de nectar et de fiel !
> Au fond de cette coupe où je buvais la vie,
> Peut-être restait-il une goutte de miel ? (« L'Automne »)

Avec, ici, le mariage contrasté entre les sonorités plaintives [les **i**] et les sonorités ouvertes [les **a**], les consonnes dures [les **k** : **c**alice, ne**c**tar, **c**oupe] et les chuintantes douces [**ce** cali**ce**], les fricatives sifflantes [**v**ider, **f**iel, **f**ond, **j**e bu**v**ais] et les liquides [**l**a **l**ie, ca**l**ice, fie**l**, **l**a vie, restait-i**l**, mie**l**] comme pour rendre compte d'une dissonance intérieure, d'un cri.

CONCLUSION

Hybridité de la pensée et du style de Lamartine, dont l'imagination se règle trop encore sur les procédés néoclassiques du passé.

Mais le culte de la Raison est-il conciliable avec les effusions senti-
mentales et les doutes existentiels ? Il appartient au génie de
Lamartine d'avoir établi en douceur la transition entre une inspira-
tion figée dans une gangue et l'offensive de la subjectivité. Le génie
de Lamartine ouvre des perspectives, et c'est trop souvent d'ingrati-
tude que l'on paie ce travail de pionnier que l'on voudrait moins
frileux, comme s'il était facile de sortir tout soudain d'un contrat
qu'on se transmettait de génération en génération. Dénier à
Lamartine son effort pour aborder d'autres rivages poétiques, c'est
méconnaître injustement l'impressionnisme symbolique de sa
pensée et une musique particulière qui révèle une nouvelle
présence au monde.

2. Autres exemples de sujets de dissertation possibles

Sujet 1 : Huymans a comparé la poésie de Lamartine à
« l'écoulement d'un robinet d'eau tiède ». Commentez et discutez
ce jugement en vous appuyant sur l'étude des *Méditations.*

Sujet 2 : « Nul symbole, nul nœud d'images ne nous arrêtent…
coupé du monde, le langage se contente de suivre le cours de la
pensée et de la vie… Poésies d'idées. » Commentez et discutez ce
jugement de Gaëtan Picon.

Sujet 3 : « Les *Méditations* ouvrent un espace sonore où la poésie
se définit — ou s'indéfinit —, ainsi que la femme selon les
idéologies de l'époque, à la fois comme témoignage d'un manque
et comme présence d'un corps (dût celui-ci se réduire à une
faiblesse, à une fatigue, à un sanglot). Dans un univers littéraire où
la rhétorique règne encore presque sans partage, Lamartine (sans
renoncer pour autant à celle-ci) inaugure une poétique de l'indé-
termination, non par goût du vague ou faiblesse de la pensée,
comme l'insinuent ses ennemis, mais par conviction que l'essence

de la poésie, comme le féminin, est toujours *ailleurs*. » Commentez et discutez ce jugement de Jean-Pierre Reynaud.

Sujet 4 : « Les moyens propres de Lamartine, le secret de son emprise, c'est la musique ». En vous appuyant sur l'étude des *Méditations,* dites quelles réflexions vous inspire ce jugement de M.-F. Guyard.

Sujet 5 : Commentez et discutez le mot fameux de Sainte-Beuve : « Lamartine est un ignorant qui ne sait que son âme ».

II.   L'ŒUVRE À L'ORAL

1.   Un exemple de lecture méthodique analytique

Texte : « Le Soir ».

INTRODUCTION

1. SITUATION DU POÈME

Ce poème constitue la quatrième *Méditation.* Il est placé entre un poème où Lamartine reprend le vieux thème (cher à Ronsard) de l'art comme garant d'immortalité accordé à celle que le poète célébrera : « À Elvire », et un long poème didactique : « L'Immortalité » qui se termine par ce vers :

Vois mourir ce qui t'aime, Elvire, et réponds-moi

Ces deux poèmes d'encadrement ont donc un même sujet de fond, Elvire, et un même thème : l'immortalité.

2. COMPOSITION DU POÈME

Il est composé de treize quatrains d'octosyllabes à rimes croisées (abba), forme privilégiée dans la poésie sentimentale du XVIIIe siècle (celle de Voltaire, Bernis, Parny, Millevoye), donc en rien innovante.

Sa date de composition reste indéterminée. Le poème aurait été écrit, de même que « Souvenir », au château de Montculot (Côte d'Or), chez l'oncle paternel du poète, l'abbé Jean-Baptiste de Lamartine, sans doute à la fin du printemps de 1819. Elvire est décédée le 18 décembre 1817. La mort d'Elvire date donc d'environ dix-huit mois.

3. LE TITRE

Il est conceptuel et abstrait, assorti de l'article défini qui n'a pas valeur informative, sinon dans l'implicite, dans le monde intime du poète, comme pour de nombreuses *Méditations* (« L'Isolement », « L'Homme », « L'Immortalité », « Le Vallon », « Le Lac »…). Ces titres renvoient à un cotexte (ou contexte) connu du seul auteur, à un présupposé qui invite à un travail interprétatif.

4. TROIS MOUVEMENTS DU POÈME

• Les quatre premières strophes : mise en place du décor avec irruption, dans la quatrième strophe transitionnelle, d'un événement.

• Dans les neuf strophes qui suivent, deux sous-mouvements :

– sept strophes de questionnement : le poète prend l'initiative d'une démarche illocutoire* qui assure la promotion de la parole du poète aux prises avec le Mystère ;

– deux strophes ensuite où le poète sollicite le Mystère, lui demande de renouveler le miracle. L'originalité ici est que la transition avec la dernière partie du poème se fasse au début de la treizième strophe, en une rupture au sein du premier vers :

Venez !… mais des…

• Derniers vers : tout se referme, comme une baissée de rideau. On retrouve le silence de la première strophe.

DÉVELOPPEMENT

1. MISE EN PLACE DU DÉCOR : QUATRE PREMIÈRES STROPHES

Quatre strophes descriptives dont chacune se referme sur soi-même.

Des restes de l'**imagerie précieuse** en vogue au cours des deux siècles précédents : des périphrases, « Le vague de l'air », « Le char de la nuit » (cf. « Le Temple » : « Précédant de la nuit le char silencieux »), « Vénus » devient « l'étoile amoureuse ». Le poète parle de son « **front** taciturne »… Lamartine n'a pas le courage de sortir des chemins culturels qui l'ont marqué.

Indétermination du temps et de l'espace : quel « soir » ? De quelle saison ? Le hêtre a des feuilles : printemps ou été ? Quels « tombeaux » ? Les effets de proximité introduits par les déictiques « ces » (**ces** rochers), « ce » (« **ce** hêtre ») n'ont de valeur que pour le poète et nous laissent dans l'approximation.

Une atmosphère : une heure privilégiée qui pousse le poète à prendre une pose romantique à la manière d'Ossian :

Assis sur ces rochers déserts

Nous avons vu au cours de notre étude ce que représentait pour le romantique l'image des rochers déserts (on remarque l'emploi du pluriel qui démultiplie l'effet de solitude) : l'éloignement, un lieu d'isolement propice à la méditation. La conscience romantique a besoin de cette forme de solitude ontologique* pour s'emparer du monde du mystère et parfois être à soi-même sa propre divinité. Un horizon d'attente est donc ainsi créé.

Or tout est imprécis : « le vague des airs », « lueur mystérieuse », « on dirait », « voltiger une ombre », « mollement », tous ces termes ressortent d'une théologie apophatique*, c'est-à-dire préalable à toute conceptualisation déterminante et rendant compte d'un au-delà sans dogme ni rite. Nous nous trouvons en dehors de tout intel-lectualisme, dans l'ordre d'une autre connaissance, celle de l'intui-tion, de l'appréhension des limites, presque de l'occulte à travers des impressions visuelles et auditives et d'un « je » qui fait place à l'anonyme « on ».

Surgissent les deux images métaphoriques d'Éros et de Thanatos illustrées par « Vénus » et par les « tombeaux », par le contraste entre la lueur qui « **blanchit** les tapis de gazon » et le « feuillage **sombre** » du hêtre, entre « la lueur », « le rayon » et le « front taciturne ». Nous voici plongés dans une atmosphère religieuse païenne et les ombres inspirées d'Ossian font songer aux mânes du « Chant VI » de *L'Énéide,* on les retrouve à la dixième strophe. Elvire, elle, se révèle par un rayon de lumière.

Les récurrences phoniques : les fricatives dentales sourdes (**s** : « **s**oir », « **s**ilen**c**e », « as**s**is », « **s**uis », « **s**'avance », « fri**ss**onner »), les fricatives dentales sonores (**z** : « dé**s**erts », « de**s** airs », « l'hori**z**on », « amoureu**s**e », « mystérieu**s**e », « ga**z**on ») concourent à la musique délicate et frémissante de ces strophes toutes de suggestion.

La strophe 4 rend compte d'un coup de théâtre dans l'atmosphère feutrée créée par l'évocation qui précède : « Tout à coup ». Lamartine aime ces irruptions théâtrales de transition qui mettent en place une phase illocutoire* (nous en trouvons une identique dans « Le Lac » : « **Tout à coup** des accents inconnus à la terre »). Cependant nous restons dans le domaine du fugitif : « glissant », « viens mollement toucher mes yeux », de l'ineffable. Le front du poète est « taciturne », donc voué au silence. Or, le rayon réveille chez lui une crise de parole. L'amour, selon un cheminement « classique », entre par les yeux. Même chose ici où la médiation est spiritualisée.

Il semble que « l'astre nocturne » désigne la lune et non Vénus.

2. PROMOTION DE LA PAROLE : LAMARTINE AUX PRISES AVEC LE MYSTÈRE (STROPHES 5 À 12)

Surgit le questionnement du poète, procédé quelque peu emphatique mais qui relance l'intérêt du texte, signe l'acte d'une igno-

rance et d'une quête : l'auteur plonge dans l'aventure ontologique*
de son amour, dans l'espace d'un désir, celui de renouer avec
Elvire.

Les strophes 5, 6, 7, 8 du poème sont constituées de
12 distiques* interrogatifs : syntaxe monotone avec des expressions
banales. Les répétitions (« viens-tu »), la récurrence des impératifs,
le retour de motifs identiques produisent un envoûtement progressif.
Aucun désir chez le poète de se mettre en valeur par un pittoresque
ou un dogmatisme qui risquerait de nuire à l'impression
d'ensemble. Au contraire, une affectation de naïveté.

Le poète puise ses thèmes dans son vivier personnel intellectuel,
son matériau est très littéraire, inspiré des thèmes pétrarquistes
(mélancolie sensuelle et spirituelle) et ossianiques (le silence du
soir, les brumes, les ombres, les reflets).

La strophe 5 met l'accent sur la lumière : lumière du bonheur,
puisque le « sein » (cliché classique !) du poète est « abattu ». Ne
s'agirait-il pas également d'un besoin de lumière mystique ? D'un
désir d'union *post mortem*, de l'accès à l'impossible ? Le poète
peut-il être heureux sans cette communion ?

Le terme « reflet » s'oppose-t-il au terme « rayon » ? Qu'est-ce
que ce globe de flamme ? La lune ? La « flamme » ne serait-elle pas
emblématique de l'amour ?

La strophe 6 met, elle, précisément l'accent sur la révélation, la
recherche d'une intelligibilité. Toute l'angoisse des *Méditations* est
là suggérée dans un désir de ressourcement de la part du poète, le
désir de faire alliance avec l'essence de la réalité cosmique, de lier
l'immanence* (*le logos*) avec la transcendance* (*le muthos*), le
microcosme avec le macrocosme. Ce besoin d'une totalité de sens
entre ici dans une perspective modeste de questionnement, un
tremblement face à l'éphémère (« Où le jour va te rappeler »).

La strophe 7 paraît d'inspiration chrétienne : le secret serait
révélé aux plus petits, aux « malheureux » pour leur apporter le

réconfort de l'espérance. « L'intelligence » de l'amour dans une communion avec les astres du ciel. Le poète dépasse son cas particulier pour parler au nom de tous les infortunés : on peut penser aux engagements démocratiques futurs de l'auteur, comme s'il s'agissait de prémisses.

Strophe 8 : deux idées proprement romantiques :

• L'intelligence du « sens » n'est pas dissociable de l'amour, or l'amour ne pourrait-il révéler « l'avenir » ? Ne serait-il pas une épistémologie* de l'occulte ? Principe d'une revitalisation de la connaissance ?

« Au cœur fatigué » : Lamartine se vieillit. « Implorer » chez lui a le sens de désirer ardemment.

• Un profond désir d'éternité, l'attente de la résurrection des morts : le « jour qui ne doit pas finir ». On ne peut comprendre le romantisme si on ne comprend pas qu'il aspire à de nouveaux espaces.

Les strophes 9, 10, 11, 12 sont beaucoup plus subjectives. Jusque-là le thème sentimental restait en retrait, dans la généralité. Il ne s'agit plus d'interrogations sur un au-delà vague, mais d'une présence, celle des ombres parmi lesquelles se situe assurément dans la pensée du poète celle d'Elvire.

Strophe 9 : la vie éclate, une résurrection de la vitalité du poète qui a le sentiment d'une présence de ressourcement. Le poète se pense visité : cette union de l'au-delà et du terrestre relance-t-elle Lamartine dans l'Histoire ? Ne met-elle pas en cause son devenir ? Sa destinée ?

Toute une surréalité se dessine ici sur le mode de l'effarement, et l'évocation des âmes se poursuit dont nous avons vu ce qu'elle devait à Ossian et à Virgile. Le poète dépasse son aventure personnelle en y associant « ceux qui ne sont plus ».

Strophe 10 : voici les « mânes » déjà évoqués, le voyage dans le clair-obscur de présences révélatrices enveloppées d'un « peut-être », d'incertitude (« je crois ») échappant à tout système identitaire. Une nouvelle alliance fondée sur la richesse de la subjectivité. Le moi a besoin ainsi de prendre appui sur des impondérables, de « s'envelopper » des intuitions d'un ailleurs pour trouver un fragile réconfort.

Strophe 11 : le dernier vers de la strophe précédente nous plaçait dans le mode exclamatif, mode optatif* qui se poursuit ici :

Ah ! si c'est vous, ombres chéries !

Aucune certitude, un appel, le souci de retrouver un instant de bonheur, de quasi-plénitude. Imploration d'un moment privilégié qui ne peut se situer qu'à l'écart (« Loin de la foule et loin du bruit »), dans une atmosphère de silence, dans une relation d'intimité ou de nouvelle présence au monde.

On perçoit ce que peuvent être les « rêveries » du romantique, un lieu d'illumination ou de révélation, une eschatologie* de l'intelligibilité.

Strophe 12 : l'instance de prière se poursuit avec l'emploi des impératifs. Le poète veut être pénétré de cette lumière incréée, il veut rétablir son équilibre intérieur : « paix » et « amour » dans son « âme épuisée », c'est en communion avec les âmes de l'au-delà qu'il récupère sa vitalité. Les influences transrationnelles sont donc capitales.

« La nocturne rosée » est implicitement symbole d'aurore et de vie nouvelle.

Strophe 13 : nous savons que Lamartine aime les effets théâtraux, même dans les poèmes qui jouent avec les virtualités. Un exemple ici de dissonance : le poète poursuit sa prière : « Venez ! », mais une rupture se produit dans l'ordre de la révélation, quelque chose se brise que marquent les points de suspension : un vide soudain, et l'arrêt de la parole. Comme un hoquet. Le message s'interrompt et le poète se retrouve dans sa nuit de « taciturne » et dans le silence qui débutait le poème cerné par cet alpha et cet oméga. Le rideau tombe dans les vapeurs de Thanatos (« des vapeurs funèbres »). La révélation d'au-delà, d'Éros (?) (« le doux rayon ») ne peut ou ne veut faire en ce monde résidence et l'homme est condamné à des lueurs fugitives d'autres vérités saisies en des temps et des lieux privilégiés. On ne domestique pas l'infini.

Le « sens » s'est-il arrêté pour autant ? Mirage ou réalité ? C'est bien parce qu'il y a manque, « ténèbres », et qu'il y a rupture, voire échec, qu'il y a appel de paroles et… d'écriture.

CONCLUSION

Nous tenons avec « Le Soir » un des poèmes les plus suggestifs de Lamartine, un de ceux qui font présager Verlaine et sa tentation du silence[1]. En effet, la marge d'indétermination qui entoure l'évocation à peine balisée de cet instant privilégié d'un « soir », l'atomisation des présences diffuses qui habitent le poème, ces âmes qui évoquent beaucoup plus que la seule présence d'Elvire, le questionnement haletant et monocorde du poète, tout nous tire vers une dématérialisation progressive des choses, avec des « peut-être », des « je crois » et le drame d'un effarement face à une révélation fugace.

2.   Un exemple de lecture méthodique synthétique

Texte : « Hymne au Soleil ».

N.B. : la lecture méthodique synthétique ne suit pas forcément l'ordre du texte, elle adopte une démarche thématique, plus synthétique.

INTRODUCTION

1. SITUATION DU PASSAGE

« Hymne au Soleil » constitue la vingt-quatrième *Méditation*. Ce poème est encadré par les « Chants lyriques de Saül » extraits d'un

---

1. Robert Benet, « Verlaine ou l'appel du silence », *L'Information littéraire*, mai-juin 1994.

drame d'inspiration biblique sur lesquels Lamartine mettait tous ses espoirs d'auteur dramatique : *Saül* et qui fut refusé par le tragédien Talma et « Adieu » poème de remerciement à Louis de Vignet qui avait reçu Lamartine à son retour d'exil en son château de Bissy en 1815.

2. DATE DE COMPOSITION

Ce poème paru en 1820 est curieusement daté de 1825 par le poète qui prétendait, dans le même moment avoir écrit ces vers à « l'âge de dix-huit ans », c'est-à-dire en 1808. On sait, grâce à des documents irréfutables, que le poème a été conçu en 1817. Virieu le cite dans une lettre du 28 janvier 1818 et le poète en fait une lecture le 18 mars 1818 devant l'académie de Mâcon qui se montra très réservée, sinon réticente, à propos de ce poème.

Le poète avait passé le printemps de 1817 près de Julie Charles (*Elvire*) à Paris. Les deux amants se promenaient volontiers à Meudon, à Saint-Cloud. Lui se plaignait de sa mauvaise santé, de ses malaises. Dans ses notes de l'édition Garnier, F. Letessier écrit que de retour en Bourgogne, le poète a pu « l'âme toute pleine de sa "chère Elvire" imaginer la présence de celle-ci auprès de lui et écrit l'hymne qui, par endroits, semble évoquer Milly et sa région ».

3. ENJEU DU TEXTE

Le soleil est un thème dont Ossian-Macpherson a lancé la mode. Les lyriques du XVIIIe siècle (Saint-Lambert, Roucher, J.M. Chénier, Chénedollé, ...) que Lamartine avait tant lus, y vont de leur hymne au soleil : c'est pour eux un moyen de manifester leur paganisme. On a donc affaire à un poncif.

Lamartine, lui, est hanté par la lumière et parfois par la fin du monde :

> Le soleil, comme nous, marche à sa décadence,
> Et dans les cieux déserts les mortels éperdus
> Le chercheront un jour et ne le verront plus ! (« L'Immortalité)

4. PROSODIE*

« L'Hymne au Soleil » est composé de cinq strophes d'inégale longueur écrites en alexandrins avec, à la fin de la première strophe, la surprise que constitue l'irruption d'un octosyllabe. L'enchaînement des rimes offre une grande variété prosodique* : les rimes croisées (v. 1, 2, 3, 4 de la première strophe) font place à des rimes embrassées (v. 4, 5, 6, 7 de la première strophe de composition impaire ; v. 1 à 8 de la deuxième strophe) ou à des rimes plates (tout le reste du poème) selon la fantaisie du poète.

5. MOUVEMENTS DE LA PENSÉE

- Une double résurrection :
  - celle du poète à la vie, à l'amour ;
  - celle de la nature.
- Une double célébration :
  - du soleil ;
  - de l'Éternel.
- Une prise de conscience.

DÉVELOPPEMENT

A. UNE DOUBLE RÉSURRECTION

a. Résurrection du poète

1. Résurrection du poète à la vie

Le poète se présente comme émergeant d'un certain état d'épuisement. C'est le propre de la plupart des poètes romantiques que de mettre en scène, c'est-à-dire en valeur, leur état de langueur. Le romantique n'a pas le goût de cette réserve virile qu'affecte le héros par rapport à ses menues défaillances physiques. Il a le goût des larmes. Il a un autre rapport à la vérité en refusant non seulement de neutraliser sa sensibilité, mais plus encore, en la faisant éclater.

Ainsi le Je, dans ce poème, s'affirme-t-il dans sa fragilité. S'il voit le fonds de son malaise, ce n'est pas sans nous dire qu'il était dans la nuit puisqu'il s'exclame « Vous me rendez le jour ». Il évoque sa « molle pâleur », dans la quatrième strophe, ses « membres languissants » soudain ranimés et son esprit qui sort de « ses fers » (entendons que son esprit était comme un condamné prisonnier des fers dont la maladie l'entravait).

S'il y a *mimesis** du style (Henri Meschonnic parle de forme-sens), elle se situe dans la première strophe, **impaire** (strophe de 7 vers), qui fait se chevaucher rimes croisées et rimes embrassées, l'une des rimes « se colore », jouant son rôle dans les deux modes de représentation prosodique qui ainsi se chevauchent. Le septième vers, d'autre part, est un octosyllabe-surprise apportant sa vivacité *convaincante* (on remarquera la reprise anaphorique entraînante de l'adverbe « déjà », qui souligne l'irruption temporelle de la résurrection) et sa légèreté après six alexandrins. Ces discordances miment la rupture, le désordre qui accompagne toute résurrection, toute irruption à une métamorphose. Intéressant de la part d'un poète qu'on taxe volontiers de trop rhétorique et suranné que ces surprises prosodiques d'une écriture qui se met, non véritablement en folie, mais à l'écart des normes, pour essayer de mimer la réalité qu'elle cherche à traduire.

2. « Je renais pour aimer encore ! » *Résurrection du poète à l'amour*
Non seulement le poète aime sa « chère Elvire », mais il se complaît à dire qu'il est aimé :

> Vous avez pris pitié de sa longue douleur !

implique qu'Elvire souffrait de voir son amant malade et qu'elle priait pour sa guérison (« Dieu que l'amour implore »). Le poète se mire au miroir que lui tend son Elvire, peut-être s'admire-t-il, nouveau Narcisse, dans l'amour qu'il inspire :

> Des teintes de la vie **à ses yeux** se colore

On connaît le goût de la théâtralité de Lamartine qui cherche fréquemment à dynamiser sa pensée en l'animant par un questionnement ou, comme ici, par des exclamations à valeur illocutoire* :

Conduis-moi, chère Elvire, et soutiens ton amant ;

....

Viens ! Que crains-tu pour moi ? Le ciel est sans nuage !

On remarque la progression qui s'est opérée entre le moment où le poète demande à Elvire de le soutenir et le moment où c'est lui qui donne de l'élan à celle qu'il aime. Tout un contenu implicite est là sous-jacent qui suggère le dialogue qu'ont pu échanger les deux amants. Une communion s'instaure du reste entre eux : « Ce plus beau de **nos** jours passera sans orage ».

b. Résurrection de la nature

Le poète souligne la concomitance existant entre son propre état de résurrection et le retour du printemps dont l'évocation est assortie de ces périphrases désuètes dont nous avons vu qu'elles étaient au XVIIIe siècle le summum de l'élégance : « Les oiseaux de Vénus » désignent les tourterelles, le « zéphyr » n'est point absent. Quant au soleil, que serait-il sans son « char » ?

Ce qu'on désigne par « acte de langage » anime la deuxième strophe où on trouve non moins de cinq phrases exclamatives à valeur oratoire qui fonctionnent d'autant mieux qu'elles sont cautionnées par la présence muette d'Elvire. On mesure à quel point le langage exerce un pouvoir, celui d'un poète qui s'affirme dans une suprématie de paroles et dans un « carpe diem » (selon l'expression du poète Horace qui invitait à « cueillir le jour ») qui met au premier plan un poète désireux de se saisir de la beauté de la lumière.

La mobilité de pensée de cette seconde strophe est soulignée par la variété dans l'enchaînement hétérogène des rimes, embrassées (a, b, b, a, a, b, b, a) d'abord, puis plates (a, a, b, b, c, c).

En dépit de ce qu'il y a de conventionnel dans cette évocation du printemps avec ses « gazons en fleurs », la réflexion sur l'organisme cosmique vers lequel nous achemine le poète va être pour lui l'occasion d'une prise de conscience de soi.

B. UNE DOUBLE CÉLÉBRATION

1. Célébration du soleil

Le poète entendait donc jouir du soleil dans toute son étendue, suivre son règne quotidien, ce qui est une façon de mesurer le temps, de se mesurer à l'alpha et à l'oméga du jour, de s'unir à la loi de l'univers, un moyen d'approche de l'absolu.

Ce qui frappe le poète à propos du soleil, et le rassure, c'est la « fécondité » et la permanence (sans aucune hantise de fin du monde ou de « soleil noir » !) dont il est le garant, deux éléments qui s'opposent à ce que fut son état physique précaire : le poète a eu besoin, lui, d'une résurrection pour revivre (« Vous me rendez le jour ») et son front était « couvert d'une molle pâleur » alors que le front du soleil reste intact :

Et sous la main des temps ton front n'a point pâli !

Le poète trouve là des certitudes rationnelles, des manifestations indubitables de la présence d'un au-delà en même temps qu'une confraternité dans l'adoration que vouent les hommes au soleil depuis la nuit des temps :

L'univers tout entier te reconnut pour roi ;
Et l'homme, en t'adorant, s'inclina devant toi !
et dans l'universalité de sa présence
Quand la voix du matin vient réveiller l'aurore,
L'Indien, prosterné, te bénit et t'adore !

Le soleil donne au poète l'intuition positive d'une éternité ; c'est dans la nature qu'il fait la lecture de Dieu d'où la triple injonction : « Ô soleil ! »

2. Célébration de l'Éternel

Ayant recouvré la santé, le poète s'inscrit dans un nouveau rapport au monde et une réévaluation de la vie grâce à une approche métaphysique centrée sur la libre réflexion du sujet en même temps que sur ses réactions physiques. S'il est une vérité immuable, elle est à lire dans une immanence* qui donne accès à la transcendance*. Le soleil est la révélation à portée de tous et non l'apanage de quelques-uns.

Dès la première strophe, Dieu est présenté comme celui vers qui se tournait Elvire pour implorer la guérison de son amant. L'Éternel ensuite devient instance de vie, le « Grand Horloger » des déistes :

L'Éternel te lança dans ta vaste carrière

Cependant le poète intériorise sa réflexion :

Il me semble qu'un Dieu, dans tes rayons de flamme,
En échauffant mon sein, pénètre dans mon âme !

Aucune véritable certitude « il me semble », nous restons dans le domaine de l'intuition sensible saisie dans l'instant, un accroissement de sens, une grâce :

Comme si du Très-Haut le bras m'avait touché !

Le romantique s'affranchit souvent des dogmes institutionnels, nous en avons ici la preuve : cette prescience d'un au-delà est en partie empirique*, il s'incarne dans une réalité humaine fondée sur le bonheur de la vie retrouvée, de l'amour de nouveau possible, d'une sensualité discrète :

Dieu ! que les airs sont doux ! Que la lumière est pure !

Aucun jugement moralisateur dans cet hédonisme*. L'être humain est son propre absolu qui récupère Dieu dans un bel élan oratoire à effets.

C. UNE PRISE DE CONSCIENCE

Un romantique n'oublie jamais de se donner le dernier mot, de se mettre en spectacle, nous l'avons dit. Ici le poète exprime son *mea culpa**. Célébrant la religion de la vie et celle du bonheur, le poète en vient à se reprocher d'avoir failli à l'espérance, d'avoir méconnu les possibilités qu'offre la vie. Les naturalistes allaient prêcher le même credo ! Dieu surgit quand tout va bien : il est facile de croire en Dieu lorsqu'on est heureux et c'est un Dieu qui n'engage pas beaucoup, sinon par une reconnaissance implicite adressée à la Lumière.

Peut-être pourrait-on déceler dans cette demande de pardon un échantillonnage de cultures différentes, païennes pour une grande part mais avec des tonalités chrétiennes. Quoi qu'il en soit, cette page semble une réponse au Livre de Job qui, ailleurs, a inspiré le poète. À la religion révélée, se substitue une religion naturelle. À la désespérance d'un Job se substitue le bonheur d'une révélation immédiate.

Tout à coup, pour le poète, la vie prend sens :

Insensé ! j'ignorais tout le prix de la vie !

Le poète saisit ce message qui lui est envoyé auquel il donne son adhésion dans un acte de foi. Lamartine retrouve le sentiment du sacré qui, dès l'origine, reliait les hommes à l'ensemble de la création. C'est à une autre résurrection qu'il nous a fait assister, sans effusion de sang, une religion d'un cœur heureux de se récupérer à travers une attrition* toute mondaine.

Avec cette prise de conscience, nous sommes en tout cas à l'opposé de ce que le poète déclarera en août 1818 dans « L'Isolement » :

Que le tour du soleil ou commence ou s'achève,
D'un œil indifférent je le suis dans son cours ;
En un ciel sombre ou pur qu'il se couche ou se lève,
Qu'importe le soleil ? je n'attends rien des jours.
Quand je pourrais le suivre en sa vaste carrière,

Mes yeux verraient partout le vide et les déserts ;
Je ne désire rien de tout ce qu'il éclaire,
Je ne demande rien à l'immense univers.

Lamartine veut-il faire croire, par le biais d'un classement qui ne respecte pas l'ordre chronologique d'écriture, que « L'Hymne au Soleil » a été composé pour racheter ce qu'il a écrit dans la première des *Méditations,* « L'Isolement » ?

En tout cas, nous le voyons dans « La Foi » en appeler au soleil pour réchauffer sa foi :

Soleil mystérieux ! flambeau d'une autre sphère,
Prête à mes yeux mourants ta mystique lumière,
Pars du sein du Très-Haut, rayon consolateur.
Astre vivifiant, lève-toi dans mon cœur !

CONCLUSION

Ce poème est un exemple de poncif transformé par Lamartine. Certes, nous percevons fort bien en quoi ce poème se rattache à l'inspiration des déistes. Toutefois, quelques-uns de ses aspects restent troublants : le Dieu qu'Elvire implorait au début, celui à qui le poète demande pardon (ce qui implique faute et repentir) est-il bien le même que celui qui est salué dans le soleil et dans la joie de la santé récupérée, du bonheur retrouvé ? N'avons-nous pas là affaire à un curieux mixage pour ne pas parler de syncrétisme ?

D'autre part, dans la forme impaire qu'utilise Lamartine et les ruptures prosodiques qu'elle engendre, ne se dessine-t-il pas déjà une ouverture sur une forme de poésie qui ne craindra plus les dissonances et sortira du « système métrique » figé auquel on l'a condamnée ?

PAGES ANNEXES

I. EXEMPLES DE POÉSIES DU XVIIIᴱ SIÈCLE

Le Franc de Pompignan (1709-1784), honnête homme et chrétien sincère prêta le flanc à la critique par ses prétentions. Il a écrit des *Poésies sacrées*. En voici une qu'on aura intérêt à comparer à « La Poésie sacrée » de Lamartine.

Prophétie d'Ézéchiel sur la résurrection des morts.

> Dans une triste et vaste plaine
> La main du Seigneur m'a conduit.
> De nombreux ossements la campagne était pleine.
> L'effroi me précède et me suit.
> Je parcours lentement cette affreuse carrière,
> Et contemple en silence, épars sur la poussière,
> Ces restes desséchés d'un peuple entier détruit.
> « Crois-tu, dit le Seigneur, homme à qui je confie
> Des secrets qu'à toi seul ma bouche a réservés,
> Que de leurs cendres relevés
> Ces morts retournent à la vie ?
> — C'est vous seul, ô mon Dieu, vous seul qui le savez.
> – Hé bien, parle ; ici tu présides ;
> Parle, ô mon prophète, et dis-leur :
> Écoutez, ossements arides,
> Écoutez la voix du Seigneur.
> Le Dieu puissant de nos ancêtres,
> Du souffle qui créa les êtres,
> Rejoindra vos nœuds séparés.
> Vous reprendrez des chairs nouvelles ;
> La peau se fermera sur elles ;

Ossements secs, vous revivrez. »
Il dit ; et je répète à peine
Les oracles de son pouvoir,
Que j'entends partout dans la plaine
Ces os avec bruit se mouvoir.
Dans leurs liens ils se replacent,
Les nerfs croissent et s'entrelacent,
Le sang inonde ses canaux ;
La chair renaît et se colore ;
L'âme seule manquait encore
À ces habitants des tombeaux.
Mais le Seigneur se fit entendre,
Et je m'écriai plein d'ardeur :
« Esprit, hâtez-vous de descendre ;
Venez, esprit réparateur ;
Soufflez des quatre vents du monde,
Soufflez votre chaleur féconde
Sur ces corps prêts d'ouvrir les yeux. »
Soudain le prodige s'achève,
Et ce peuple de morts se lève,
Étonné de revoir les cieux.

Poésies sacrées, Livre III, « Prophéties ».

Marie-Joseph CHÉNIER (1764-1811), de deux ans le cadet d'André CHÉNIER, a écrit des œuvres dramatiques : *Henri VIII* (1791), *Calas* (1791), *Caïus Gracchus* (1792), *Fénelon* (1793), *Timoléon* (1794). Il a également écrit des élégies* : voici l'extrait de l'une d'elles, de 1805.

Après avoir suivi les bords de la Seine : Passy, Auteuil qui lui rappellent d'aimables ou glorieux souvenirs, Saint-Cloud, ses réflexions s'assombrissent et se teintent de mélancolie :

Fin de promenade

Le troupeau se rassemble à la voix des bergers :
J'entends frémir du soir les insectes légers ;
Des nocturnes zéphyrs je sens la douce haleine ;
Le soleil de ses feux ne rougit plus la plaine,

Et cet astre plus doux qui luit au haut des cieux
Argente mollement les flots silencieux.
Mais une voix qui sort du vallon solitaire
Me dit : « Viens ; tes amis ne sont plus sur la terre.
Viens ; tu veux rester libre et le peuple est vaincu. »
Il est vrai : jeune encor, j'ai déjà trop vécu.
L'espérance lointaine et les vastes pensées
Embellissent mes nuits tranquillement bercées ;
À mon esprit déçu, facile à prévenir,
Des mensonges riants coloraient l'avenir.
Flatteuse Illusion, tu m'es bientôt ravie !
Vous m'avez délaissé, doux rêves de la vie ;
Plaisirs, Gloire, Bonheur, Patrie et Liberté,
Vous fuyez loin d'un cœur vide et désenchanté.
Les travaux, les chagrins ont doublé mes années ;
Ma vie est sans couleur, et mes pâles journées
M'offrent de longs ennuis l'enchaînement certain,
Lugubres comme un soir qui n'eut pas de matin.
Je vois le but, j'y touche, et j'ai soif de l'atteindre ;
Le feu qui me brûlait a besoin de s'éteindre,
Ce qui m'en reste encor n'est qu'un morne flambeau
Éclairant à mes yeux le chemin du tombeau.
Que je repose en paix sous le gazon rustique,
Sur les bords du ruisseau pur et mélancolique !
Vous, amis des humains, et des champs et des vers,
Par un doux souvenir peuplez ces lieux déserts ;
Suspendez aux tilleuls qui forment ces bocages
Mes derniers vêtements mouillé de tant d'orages ;
Là quelquefois encor daignez vous rassembler ;
Là prononcez l'adieu : que je sente couler
Sur le sol enfermant mes cendres endormies
Des mots partis du cœur et des larmes amies !

Œuvres posthumes, « La Promenade », élégie.

II.   QUELQUES JUGEMENTS

Lettre de Sainte-Beuve à Verlaine, 19 novembre 1865.

Non, ceux qui n'en ont pas été témoins ne sauraient s'imaginer l'impression vraie, légitime, ineffaçable, que les contemporains ont reçue des premières *Méditations* de Lamartine, au moment où elles parurent en 1819. On passait subitement d'une poésie sèche, maigre, pauvre, ayant de temps en temps un petit souffle à peine, à une poésie large, vraiment intérieure, abondante, élevée et toute divine. Les comparaisons avec le passage d'une journée aigre, variable et désagréable de mars à une tiède et chaude matinée de vrai printemps, ou encore d'un ciel gris, froid, où le bleu paraît à peine, à un vrai ciel pur, serein et tout éthéré du Midi, ne rendraient que faiblement l'effet poétique et morale de cette poésie si neuve sur les âmes qu'elle venait charmer et baigner de ses rayons. D'un jour à l'autre on avait changé de climat et de lumière, on avait changé d'Olympe : c'était une révélation. Comme ces pièces premières de Lamartine n'ont aucun dessin, aucune composition dramatique, comme le style n'en est pas frappé et gravé selon le mode qu'on aime aujourd'hui, elles ont pu perdre de leur effet à une première vue ; mais il faut bien peu d'effort, surtout si on se reporte un moment aux poésies d'alentour, pour sentir ce que ces Élégies et ces Plaintes de l'âme avaient de puissance voilée sous les harmonies éoliennes et pour reconnaître qu'elles apportaient avec elles le souffle nouveau. Notre point de départ est là. Hugo, ne l'oublions pas, à cette date où déjà il se distinguait par ses merveilles juvéniles, n'avait pas cette entière originalité qu'il n'a déployée que depuis, et je ne crois pas que lui-même, dans sa générosité fraternelle, démentît cet avantage accordé à son aîné, le poète des *Méditations*.

Les Métamorphoses du Cercle, Georges Poulet (Champs Flammarion, 1979) : extrait.

[...] Comme le livre mythique de la rêverie, le poème lamartinien est fait de débris et de nuées, vagues figures livrées aux fluctuations d'un monde aquatique et brumeux. Monde qui rapidement se défait, soit qu'il se trouve recouvert par l'élément liquide ou par la brume, soit qu'en se retirant le brouillard ou les eaux emportent avec eux les formes qui semblaient y flotter. Ainsi, chez Lamartine, tout fléchit, s'amollit, se dénoue ou rentre dans l'élément qui l'enveloppe. Tout se dérobe sous l'épaisseur des voiles ou dans l'absence des formes. Tout surtout se brouille. Bien loin d'aboutir à la multiplication du réel, la dissolution des choses a pour effet la réduction de celles-ci à l'unité.

Extrait du *Lamartine* de Henri Guillemin (Seuil, 1987, p. 21-23).

Lamartine n'a pas le sentiment de faire, en littérature, œuvre révolutionnaire avec ses *Méditations*. Il n'a point renié Parny. Il demeure consciemment et profondément classique. La langue qu'il emploie le prouve assez, du reste. [...] Mais c'était tout de même une révélation et comme une transsubstantiation. Ce vocabulaire usuel et déjà presque usé, ces formes poétiques déjà vieilles, tout cela reprenait dans les vers des *Méditations*, une jeunesse miraculeuse. Lamartine semblait n'avoir modifié rien, et tout était changé. Un homme parlait, là où l'on avait coutume de n'entendre, depuis bien longtemps, que des virtuoses trop habiles, des spécialistes sans âme, d'industrieux techniciens. Ce qu'il disait, avec les mêmes mots cependant qu'employaient ses prédécesseurs, prenait soudain un sens tout neuf, une chaleur de vie. On l'écoutait en frémissant, parce qu'il avait, celui-là, tout de bon, quelque chose à dire, un cri à jeter, une douleur en lui et une espérance que des milliers d'êtres reconnaissaient en eux.

Jean-Pierre Richard, *Études sur le romantisme*, « Lamartine », p.153 à 170, Essais Points, 1999.

Cette « perspective » ne saurait évidemment connaître aucun terme : ces montagnes flottantes, ces « flocons de lumière », ou ces « fragments du jour », bref tous ces morceaux épars d'une réalité enfin privée de poids et comme suspendue au-dessus d'elle-même s'écartent lentement aussi vers le lointain. Ils ne vont pas seulement vers l'horizon — ce qui leur serait encore une frontière — mais vers un horizon « vague et indéfini », qui « s'étend » et se « prolonge » sans cesse, qui se recule derrière toute ligne visible d'horizon. Après la limite, c'est alors la recherche d'une non-limite, c'est la quête d'un état d'ouverture totale, le souhait d'un glissement dans l'au-delà. Quelle figure — ou quelle absence de figure — pourrait revêtir cet au-delà ? Celle de Dieu peut-être. Plus sûrement celle du songe ou celle du *possible*. Car si le « réel est étroit », « le possible est immense », et c'est là une immensité que la conscience rêveuse peut librement parcourir et posséder.

Un ange passe, Lamartine et le féminin, Klincksieck 1997, extrait d'un article de Christine Planté : « La mise en discours de paroles féminines ».

La femme, par son altérité, fournit une incarnation de l'inspiration divine que sa proximité humaine met à même de « parler dans le poète », et de résonner dans son œuvre. Placer une ou des femmes réelles au principe de l'écriture revient à en garantir l'origine divine et inspirée, et à lui conférer les valeurs de naturel et d'authenticité qui sont l'apanage des femmes dans une idéologie répandue. Ces femmes contribueront d'autant plus à l'efficace d'une visée sacrée (ou, plus tardivement sociale)du poème qu'elles seront plus féminines — entendez conformes à l'idéal féminin du temps — et réelles, cautions historiquement indiscutables d'une vérité du texte. Toutefois le recours à cette caution ne va pas sans problèmes. Si le poète peut se poser en interprète d'une langue divine et en prophète de l'Esprit-Saint ou des esprits, il doit se situer avec plus de circonspection comme utilisateur et relais de paroles de femmes.

GLOSSAIRE

anaphore : répétition d'un mot en tête de plusieurs membres de phrase, pour obtenir un effet de renforcement ou de symétrie.

animisme : attitude consistant à attribuer aux choses une âme identique à l'âme humaine.

apophatique : désigne ce qui est préalable à toute conceptualisation du langage.

asyndète : absence de mots de liaisons entre plusieurs termes.

autocratie : forme de gouvernement où le souverain exerce lui-même une autorité sans contrôle.

blasphème : paroles qui outragent ce qui est sacré (Dieu, la religion,…).

christologie : étude de la personne et de la divinité du Christ.

cosmogonie : théorie expliquant la formation de l'univers.

cosmomorphisme : se plier au rythme du cosmos comme méthode explicative de la condition humaine.

destinateur : celui qui s'adresse à quelqu'un appelé, lui, destinataire.

dichotomie : partage en deux éléments.

distique : groupe de deux vers exprimant un énoncé complet.

dithyrambe : poème écrit, de façon souvent emphatique, à la louange de quelqu'un (à l'origine, de Dionysos).

élégie : poème lyrique exprimant des sentiments douloureux ou mélancoliques. (adj. **élégiaque**).

empirique : en philosophie, ce qui dépend de l'expérience.

entropie : implique un désordre dans l'univers et une perte de l'énergie. L'entropie annonce scientifiquement la fin du monde pour dans quelques milliards d'années.

épistémologie : tout ce qui concerne la connaissance d'une science, d'un courant de pensée.

épître : désignait toute lettre missive écrite par un auteur ancien.

eschatologique : en théologie, ce qui concerne les fins dernières de l'homme, ce qui survient après la mort ou à la fin du monde.

excursus : mot latin désignant une digression.

hédonisme : doctrine qui prend pour principe de la morale la recherche du plaisir, de la satisfaction, en évitant la souffrance.

herméneutique : art de l'interprétation des textes sacrés, des paraboles, des symboles, des signes complexes.

heuristique : méthode d'évaluation qui permet l'exploration, la découverte.

hypotypose : désigne en rhétorique une description animée et frappante.

illocutoire : tout ce qui désigne en linguistique des actes de paroles, de communication (dialogues, discours direct, indirect, semi-direct).

immanence : caractère de ce qui est contenu dans la nature d'un être, sans référence à un au-delà (s'oppose à la **transcendance :** cf. plus loin).

incantation : paroles répétées pour produire un charme magique.

légitimiste : partisan de la branche aînée des Bourbons.

lustral : qui sert à purifier.

maïeutique : méthode socratique du dialogue ou du questionnement qui permet à l'esprit « d'accoucher »de ses pensées et de ses réflexions.

mea-culpa : se repentir de sa faute.

métalinguistique : désigne un langage qui en éclaire un autre dont il fait directement ou implicitement la critique.

métonymie : figure de rhétorique par laquelle on désigne un terme par un autre dont il dépend et auquel il est étroitement uni ; exemple : « boire un verre » (= le contenu du verre) ; « il vit de son travail » pour « du fruit de son travail ».

mimesis : mot grec qui définit chez Aristote le théâtre comme art de la représentation de la réalité. En linguistique, le terme désigne tout ce qui, dans le rythme et les sonorités de la langue, « mime » la pensée exprimée.

mystique : qui est perçu comme relevant du sacré, de l'au-delà de la raison.

obscurantisme : doctrine de ceux qui s'opposent à la diffusion de l'instruction et de la culture dans les masses populaires au profit de croyances naïves superstitieuses.

ontologie : partie de la métaphysique qui s'intéresse à l'être en tant qu'être, indépendamment de ses déterminations particulières.

optatif : qui exprime un souhait.

paradigme : un modèle, un exemple.

pérenniser : rendre durable, éternel.

phatique : qui établit une communication, sans apport d'information élaborée.

prosodie : désigne les règles qui régissent la versification : mesure du vers, caractère mélodique, etc.

prosopopée : figure de rhétorique par laquelle un écrivain ou un orateur prête des sentiments, des paroles, des actions à des êtres inanimés, à des morts, à des absents.

protéiforme : celui qui, comme Protée, se présente sous les aspects les plus divers afin de se concilier les faveurs du milieu dans lequel il évolue.

rémanence : phénomène qui subsiste partiellement après la disparition de sa cause.

rhapsode : chanteur de la Grèce antique qui allait de ville en ville réciter des extraits de poèmes (généralement épiques).

spéculaire : qui se réfléchit comme en un miroir.

transcendance : caractère de ce qui dépasse les réalités immédiates et toutes les catégories.

vaticination : prédiction, oracle, prophétie.

vitalisme : doctrine qui exalte le « principe vital » en chaque individu : exaltation de la force, de l'énergie, de la puissance (souvent à des fins de domination).

BIBLIOGRAPHIE

Lamartine, *Méditations*, éd. de M.-F. Guyard, Poésie-Gallimard, 1981.

Lamartine, *Méditations*, éd. de F. Letessier, Garnier, 1968.

Œuvres poétiques complètes de Lamartine présentées et annotées par M.-F. Guyard, La Pléiade, 1963.

Boeniger Yvonne, *Lamartine et le sentiment de la Nature*, Nizet, 1934.

Bouchard Marcel, *Lamartine ou le sens de l'amour*, Les Belles Lettres, 1940.

Guillemin Henri, *Connaissance de Lamartine*, LUF, 1942.

    Lamartine, Seuil, 1987.

Guyard Marius-François, *Lamartine*, Éditions universitaires, 1956.

Poulet Georges, *Lamartine et le sentiment de l'espace* (cf. *Les Métamorphoses du cercle*), Flammarion, 1979.

Richard Jean-Pierre, *Études sur le romantisme*, « Lamartine », p. 153-170, « Points-Essais », 1999.

Reynaud Jean-Pierre (sous la dir. de), « Un ange passe, Lamartine et le féminin », Klincksieck, « Bibliothèque du XIXe siècle », 1997.

TABLE DES MATIÈRES

Achevé d'imprimer en décembre 2000
sur les presses de Normandie Roto Impression s.a.
à Lonrai (Orne)
N° d'imprimeur : 003110
Dépôt légal : décembre 2000

Imprimé en France